人間の形成と心理のフロンティア

伊藤 良高　編
下坂　剛

晃 洋 書 房

は し が き

　近年、子ども・若者の心をめぐる問題が広範囲にわたることを踏まえ、乳幼児期からの心の育ちについて、家庭、園・学校、職域、地域のそれぞれにおいて、そのあり方を見直していくことの大切さが唱えられている。国レベルでいえば、例えば、2014年4月に発表された文部科学省・中央教育審議会答申「第2期教育振興基本計画について」は、「自立」「協働」「創造」を基軸とした新たな社会モデルを実現するための生涯学習社会の構築を旗印として、今後における教育のめざす基本的方向性の1つに「社会を生き抜く力の育成」を掲げ、関連する基本施策の1つとして、「豊かな心の育成」を提起している。そこでは、主として初等中等教育段階の子どもたちを対象に、「豊かな情操や他者、自然・環境と関わり、自らを律しつつ共に生きる力、主体的に判断し、適切に行動する力などを持った子どもを育てる」ことがめざされ、①「自分自身や他者、社会等との関わりに関する意識の向上」、②「いじめ、不登校、高校中退者の状況改善」の2つが成果目標として示されている。

　こうした方策の提案の背景にあるものは何であろうか。同答申は、次のように述べている。すなわち、「我が国の子どもたちについては、東日本大震災時の積極的な支援活動に代表されるように、ボランティア活動に対する意識の向上などの優れた面が見られる一方で、生命尊重の心や自尊感情が乏しい、基本的な生活習慣の確立が不十分、規範意識の低下、人間関係を築く力や社会性の育成が不十分、社会参画に関する意識に課題があるなどの指摘がある」。そして、これらの状況の背景として、「児童生徒の家庭環境等の変化に加え、自然体験活動などの機会が減少し、他者や社会、自然・環境との関わりが弱くなっていること、学校段階が進むにつれて読書離れが進む傾向にあること、携帯電話やインターネットの急速な普及などに伴い、青少年が有害情報に接する危険性が増大していること」などが挙げられる。そのため、① 道徳教育、人権教育の推進等、② 生徒指導体制及び教育相談体制の整備・充実、③ いじめ・暴力行為等の問題への取組の徹底、④ 学校における体験活動及び読書活動の充実、⑤ 伝統・文化に関する教育の推進、⑥ 青少年を有害情報から守るための取組の推進などを図っていく必要がある、と。ここに端的に見られるように、近年、子ども・若者の「豊かな心の育成」について、家庭、園・学校、地域の

連携により、継続的・中長期的な取組を行っていくことの大切さが指摘されている。

　本書は、こうした状況を踏まえ、乳幼児期からの「心身の健やかな発達」（健康、人格の完成）という観点から、人間の形成と心理をめぐる諸問題について理論的かつ実践（臨床）的に考察しようとするものである。1人1人の生涯にわたる人間形成について、心理学のみならず、様々な分野から学際的にアプローチし、その現状と問題点、課題をリアルに描き出そうとしている。他の心理学関係の類書にはない本書の大きな特徴として、① 注目すべきトピックを取りあげながら、関連する基礎的知識を全体的に網羅している、② 保育、教育をはじめ、ジェンダー、ソーシャルワーク、医療、障がい児者福祉・高齢者福祉等関連分野も対象としている、③ 諸外国の議論や動向も適宜、取り上げている、など構造的かつ総合的な把握をめざしている。また、心理学及び関連分野の第一線で活躍している研究者・実践者がその最新理論と動向を、図・表・資料など各種データを駆使しながら、やさしく解き明かそうとしている。

　本書は、大学・短期大学・専門学校等において、人間形成と心理について学ぼうとする学生諸君の講義テキストとして、また、現任保育者・教師及び心理関係職のための実務・研修テキストとして、さらには、人間形成と心理をめぐる諸問題に関心を持っている一般市民のための参考資料として編まれている。これまでに発行されている「フロンティアシリーズ」に追加される新たな一書として企画されたものであるが、その名にふさわしい内容となっているか否かは、賢明な読者諸氏の判断に委ねるしかない。今後、読者諸氏の建設的なご意見やご助言を賜りながら、さらなる改善に努めていきたい。本書が、これからの人間形成と心理のあり方を考え、その問題解決に向けての素材、ヒントともしていただけるなら、私たちの望外の喜びとするところである。

　最後になったが、厳しい出版事情のなかで、本書の出版を快諾された晃洋書房の川東義武代表取締役、編集でお世話になった丸井清泰氏、校正でお手数をおかけした石風呂春香氏に、心から感謝の意を表したい。

　　2015年11月30日

編　　者

目　　次

第1章　人間形成と保育・教育

——心身の健やかな発達を考える——

は じ め に

　人類は古くから、人間形成の究極的目標としての理想的人間像を様々な形で
描いてきた。例えば、古代ギリシアの時代には、「ポリスを成し、その共同体
の成員として、その共同体の中でよく生きる動物」（政治人）の育成がめざされ
たし、イタリアを起点とした近世ルネッサンスの時代には、人間的で豊かな幅
広い教養を中心とする心身の調和的発達をめざす人間を形成することが教育の
理想とされた。さらに、近代以降にあっては、啓蒙思想の広がりとともに、優
れた身体的能力と精神的能力を兼ね備えた全面的に発達した人間こそ理想であ
ると唱えられるようになった。このように、時代や社会、文化の変化ととも
に、人間形成においてそれぞれの理想的人間像が模索、追求されてきたし、今
もそうあり続けている。

　本章では、人間形成と保育・教育のあり方について、「心身の健やかな発達
（または成長）」（以下、「人格の完成」、「心身の健康」と称することもある）という視点か
ら考察することにしたい。具体的には、まず、1990年代後半以降の子ども・若
者の育ちをめぐる状況について、心の育ちに関わる問題を中心に明らかにした
い。次いで、1人1人の人間形成における心身の健やかな発達の意義と内容に
ついて整理、叙述する。そして、最後に、生涯にわたる人間形成とそれに係る
保育・教育の課題について提示しておきたい。

1　子ども・若者の育ちをめぐる状況
——心の育ちに関わる問題を中心に——

　子ども・若者の育ちをめぐる状況が、心の育ちに関わる問題を中心に、国の
教育政策上で大きく取り上げられるようになったのは1990年代後半以降のこと

であるといってよい。すなわち、その直接的契機の1つともなった1998年6月の文部省・中央教育審議会答申「新しい時代を拓（ひら）く心を育てるために」は、「幼児期からの心の教育」をキーワードとして、社会全体、家庭、地域社会、学校それぞれについてそのあり方を見直し、子どもたちのより良い成長をめざして、心の教育の充実に取り組んでいくことの必要性を唱えている。子どもの育ちの現状について、「遊ぶゆとりの失われた今日のような状況は、子どもたちの育ちにとって決して好ましいものではない。調査によれば、「夜眠れない」、「疲れやすい」、「何でもないのにイライラする」といったストレスを訴える子どももかなり見られる」、「子どもたちの規範意識の低下が顕著になっている。中学生の規範意識について行われた調査でも、例えば、「放置してある他人の自転車に乗る」、「自室でタバコをすう」、「他人のカサを無断でさして帰る」ことを悪いと思わない子どもが全体の4分の1ないし3分の1に達し、10年ほど前と比較するとその割合は増えている」などと指摘し、それらの改善に向け、「「生きる力」を身に付け、新しい時代を切り拓く積極的な心を育てよう」、「正義感・倫理観や思いやりの心など豊かな人間性をはぐくもう」など具体的な提言を行っている。同答申では、心を育てる場として、学校の役割を見直すことを求めている点が注目されるが、これ以降、「心の教育」、「心の成長」、「心の居場所」などといったワードが広く用いられるようになった。²⁾

　子ども・若者の育ち、特に若者の社会的自立の遅れと不適応の増加に対する関心が高まるなかで、2007年1月に発表された文部科学省・中央教育審議会答申「次代を担う自立した青少年の育成に向けて」は、意欲を持てない青少年の増加への懸念（けねん）から、社会的期待として青少年の自立への意欲を高め、心と体の相伴った成長を促していく必要があると述べている。すなわち、「近年、学力調査の国際比較やフリーター・ニート数の推移を通じ、学習意欲や就労・勤労意欲の低い青少年が増えつつあるのではないかという懸念が生じている。また、学習や労働といった具体的な対象への意欲の減退だけでなく、成長の糧（かて）となる様々な試行錯誤（しこうさくご）に取り組もうとする意欲そのものが減退しているのではないかとも懸念されている」と指摘し、その背景として、青少年の自己肯定感の低さや「大人になりたくない」という現状への安住志向、慢性的な疲労感やあきらめ、集中力や耐性の欠如（けつじょ）などを挙げている。そして、青少年の意欲をめぐる現状と課題について、生活の夜型化、朝食欠食などの基本的生活習慣の乱れや希薄な対人関係、直接体験の少なさ、情報メディアの急速な普及に伴う問題

を掲げ、① 家庭で青少年の自立への意欲の基盤を培おう、② すべての青少年の生活に体験活動を根付かせ、体験を通じた試行錯誤切磋琢磨（せっさたくま）を見守り支えよう、③ 青少年が社会との関係の中で自己実現を図れるよう、地域の大人が導こう、④ 青少年 1 人 1 人に寄り添い、その成長を支援しよう、⑤ 情報メディアの急速な普及に伴う課題へ大人の責任として対応しようと提言している。

　最近のものでは、2015年 6 月に公表された内閣府『平成27年版子供・若者白書』は、子ども・若者の状況について、例えば、「幸せ感、不安や悩み」に係る意識として、① 幸せだと思う小学生・中学生・高校生等の割合は上昇。② 不安や悩みを抱えている小学生・中学生・高校生等の割合も上昇。不安や悩みの主な内容は勉強や進路。③ 大切だと思うことは「健康であること」が最も多いと指摘している。また、関連して、同『平成26年版子ども・若者白書』（2014年 6 月）では、現代の若者の意識について、国際比較の観点から、① 日本の若者は諸外国と比べて、自己を肯定的に捉えている者の割合が低く、自分に誇りを持っている者の割合も低い（図1-1 参照）。② うまくいくかわからないことに対し意欲的に取り組むという意識が低く、つまらない、やる気がしないと感じる者が多い。③ 悲しい、ゆううつだと感じている者の割合が高い（図1-2 参照）。④ 社会規範について、同程度がそれ以上に、規範意識を持っている。⑤ 社会問題への関与や自身の社会参加について、相対的に低い。⑥ 自分の将来に明るい希望を持っていない、などと分析している。そして、今後の子ども・若者育成支援施策に対する示唆として、「家庭・学校・地域が一体となって、子ども・若者の成長を温かく時には厳しく見守り、支えることのできる環境づくりを一層進めることは、子ども・若者が社会とのかかわりを自覚し自己肯定感を育むことにつながり、ひいては子ども・若者が将来明るい希望を持つことに寄与する」ととりまとめている。

　以上、年代毎にシンボル的に取り上げた上記資料から見えてくることは、1990年代後半以降、子ども・若者の心身ともに健やかな発達、特に心の育ちのありようが大きな社会的問題となるとともに、子ども・若者の自己形成支援をはじめ、子ども・若者の社会形成・社会参加支援、健康と安全の確保、職業的自立、就労等支援などについて社会全体で取り組んでいくことの大切さが提唱されてきているということである。とりわけ2000年代から、若者の雇用問題や社会的孤立・貧困といった問題がクローズアップされるなかで、社会生活を円

（1）全体

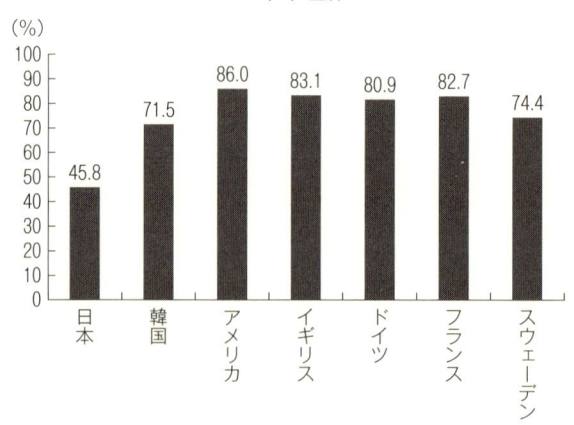

（2）年齢階級別

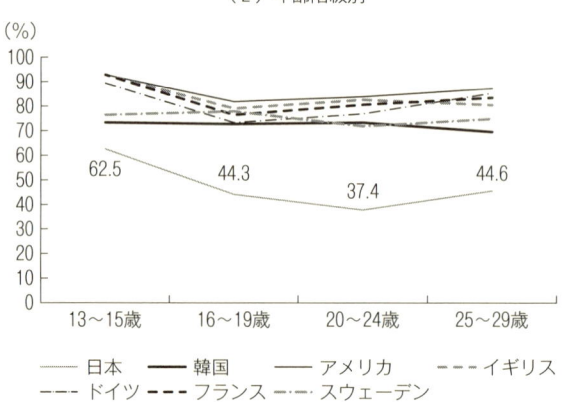

図1-1　自分自身に満足している

注：「次のことがらがあなた自身にどのくらいあてはまりますか。」との問いに対し、「私は、自分自身に満足している」に「そう思う」「どちらかといえばそう思う」と回答した者の合計。

出典：内閣府『平成26年版子ども・若者白書』2014年。

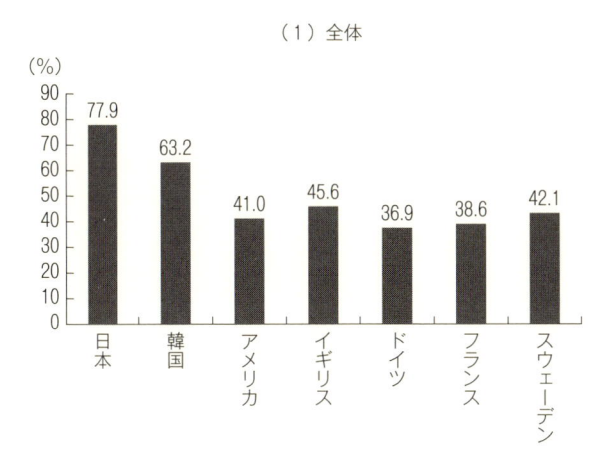

（1）全体

（2）年齢階級別

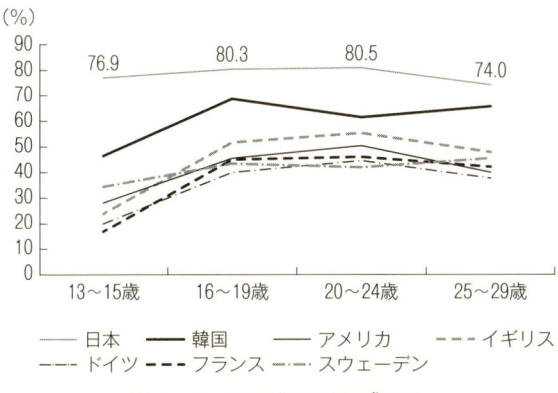

―― 日本　　―― 韓国　　―― アメリカ　　---- イギリス
―・― ドイツ　　--- フランス　　―・・― スウェーデン

図1-2　ゆううつだと感じた

注：この1週間の心の状態について「次のような気分やことがらに関し
　て、あてはまるものをそれぞれ1つ選んでください。」との問いに対
　し、「ゆううつだと感じたこと」に「あった」「どちらかといえばあっ
　た」と回答した者の合計。
出典：内閣府『平成26年版子ども・若者白書』2014年。

滑に営むうえで困難を有する子ども・若者とその家族の支援が求められているといえよう[3]。

② 人間形成における心身の健やかな発達の意義と内容

1人1人の人間形成において、心身の健やかな発達が持つ意義と内容とはいかなるものであろうか。

この問いかけに対して、中谷彪らは、「私たちすべてが教育を受けるのは、健康で文化的に生きるためである。幸福に、心豊かに生きるためである。私たちが人間として持って生まれてきた素質や能力を最大限に調和的に伸ばすことができたら——そのような状態を、教育学では人間諸能力の全面的発達という——、何と幸福で、素晴らしいことであろうか」[4]と述べているが、すべての人間の形成と教育のあり方を考えるうえで、1つの重要なヒントを与えてくれている。別の機会に詳述しているように[5]、現代世界にあっては、「世界人権宣言」（国連、1948年12月）や「児童の権利宣言」（国連、1959年11月）、「国際人権規約」（国連、1966年12月）、「児童（子ども）の権利に関する条約」（国連、1989年11月）、「障害者の権利に関する条約」（国連、2006年12月）などにおいて、人権条項として、「人格の完成」という、すぐれて高遠な教育目的が盛り込まれているが、そこでは、「児童は、その人格の完全な、かつ、調和した発展のため、愛情と理解とを必要とする」（児童の権利宣言第6条）、「児童の人格、才能並びに精神的及び身体的な能力をその可能な最大限度まで発達させること」（児童（子ども）の権利に関する条約第29条1-(a)）などと示されている。すなわち、「人格の完成」とは、人間諸能力の全面的発達を意味しているのであるが、これらの発達思想は、教育思想的に言えば、「近代以降の人間教育の思想と結びついて歴史的に形成されてきたもの」[6]である。16世紀初期以降、エラスムス、ルソー、ペスタロッチ、フレーベルなどの教育思想家によって提唱され、大切な教育的価値として継承されてきた近代教育思想が、20世紀半ばになってようやく結実したものである。

日本においても同様に、1947年3月に公布された「教育基本法」（以下、旧教育基本法）第1条（教育の目的）で、「教育は、人格の完成をめざし、平和的な国家及び社会の形成者として、真理と正義を愛し、個人の価値をたつとび、勤労と責任を重んじ、自主的精神に充ちた心身ともに健康な国民の育成を期して行

われなければならない」と定められたが、この「人格の完成」概念について、法制定当時、文部省は、次のような解釈を示している。「人格とは人間の諸性質、諸能力、諸要求の統一、調和のすがたである。人間の諸能力は常に発展してやまないものであるから、それらの開発、発展、調和、統一が完成である。教育はかかる「人格の完成をめざす」ものでなくてはならぬ[7]」。ここには、個人の尊厳と価値との認識に基づいて、人間性に含まれている様々な能力が十分に引き出され、活かしつくされている状態、換言すれば、個々の人々の有する人間としての諸特性、諸能力の全方向的かつ調和的な発達・発展の姿が描かれている。このように、理想的人間像としての「人格の完成」は、人類の達すべくして達しえない理想的な極点であるが、諦めることなく、それを目標として一歩一歩近づいていくことこそ人間教育にとって最も大切であり、教育の基本的な目標であるという考え方がその背景にある[8]。人間形成における心身の健やかな発達は、こうした文脈のなかでとらえられ、理解されていくことが不可欠である。

　ところで、近年、社会環境や生活環境の急激な変化のなかで、生活習慣の乱れやいじめ、不登校、児童虐待などのメンタルヘルスに関する課題を抱える子どもが増加するとともに、アレルギー性疾患や性の問題行動、薬物乱用、感染症など子どもの健康に関する新たな課題が生じてきていることなどを背景に、生涯にわたる心身の健康の保持増進という観点から、以下のような議論が展開されてきている。すなわち、例えば、2008年1月に発表された文部科学省・中央教育審議会答申「子どもの心身の健康を守り、安全・安心を確保するために学校全体としての取組を進めるための方策について」は、「国民一人一人の心身の健康を基礎にしながら、楽しみや生きがいを持てることや、社会が明るく活力のある状態であることなど生活の質を含む概念として「健康」をとらえることが一般的になりつつある」、「ヘルスプロモーションの考え方においては、人々が自らの健康課題を主体的に解決するための技能を高めるとともに、それらを実現することを可能にするような支援環境づくりもあわせて重要である」と提起しているが、子どもの心身の健やかな発達において、子どもの「生活の質」（QOL：Quality of Life）を含む概念としてとらえ、子どもが生涯にわたり、自らの心身の健康を育むことができる基礎的な素養を育成しようとしている点が特徴的である。子どもの「生活の質」研究については「世界的にも始まったばかり[9]」であり、今後の議論や施策の展開に待つべきところが少なくないが、重

要な視点である。ただし、すでに、上述した「人格の完成」概念の内包として、「人格の完成ということは、国家及び社会の形成者の育成ということの根本にあり、それより広い領域をもつている[10]」、「人格とは、自己意識の統一性又は自己決定性をもつて統一された人間の諸特性、諸能力ということができよう[11]」と指摘されていることに留意しておく必要があろう。1人1人の人間が、「自己の人格を磨き、豊かな人生を送ることができるよう」(教育基本法第3条(生涯学習の理念))、自律的・主体的に自己形成を図っていくことが、心身の健やかな発達といえるのである。

3　生涯にわたる人間形成と保育・教育の課題

　では、生涯にわたる人間形成における保育・教育の課題とはいったい何であろうか。以下では、3点、提示しておきたい。

　第1点は、生涯にわたる人間形成において、1人1人の人間が、心身の健やかな発達のありようを自律的・主体的に追究していくことが大切であるということである。すなわち、保育・教育の究極の目標としての「人格の完成」された人間、ないし「心身ともに健康な国民」について、その具体的な姿は、1人1人の人間が自由かつ独立の人格の主体として、自分の人生を考え、その未来を思い描く過程のなかで個性豊かに探究していくべきものであるということである。この点に関し、旧教育基本法が制定された頃、次のような解釈が提起されていたことは興味深い。やや長いが、引用しておきたい。「人格の完成は、調和的に行われなければならない。調和的発展とは、人間の諸能力を一方に偏することなく、又互に他を侵さしめることなく発展させることである。教育は、もともと個々の人に対して、それぞれの個性の範囲内に行われるものであるから、調和的発展ということは、なるべく各種の能力をそれぞれの個性に応じて発展せしめ、しかも各能力が互に衝突することなく、均衡を保って同一の人間に統一せしめ発展させることである[12]」。ここには、「人格の完成」または「心身の健康」とは、個性の伸長、完成であることが示されているが、そのあるべき姿はそれぞれの人間の自己意思により、自己決定されていく性質のものであるといわねばならない。人間形成に係る保育・教育は、こうした営みに資するものであることが求められるのである。

　第2点は、1人1人の生涯にわたる人間形成において、まさしく「心身とも

に健やかに」という観点から、そのありようをさらに総合的、体系的、構造的
にとらえていく必要があるということである。すでに述べたように、すべての
人間における全面発達の思想は、歴史的には、人権としての教育という思想・
原理に裏打ちされつつ、18世紀の「子どもの発見」(ルソー)に代表される「子
どもの権利」論に端を発し、20世紀半ばになって、「教育を受ける権利」(教育
への権利)として、各国憲法や国際条約などにおいて法的な保障を受けるにい
たったものである。しかしながら、日本では、その内実について、ときに政治
や経済の論理(＝国防や資本家の利益)が優先され、ある一面が強調される向き
が見られたし、今も見られるといわざるを得ない。この点に関しては、大津尚
志が正しく指摘するように、いわゆる「知(智)育、徳育、体育」の3領域す
べてが重要視されることが望ましいといえよう。すなわち、「「知育より徳育」
といった言説は常にといってよいほど存在している。そもそも知育・徳育は二
律背反的なものとは限らない。知力の向上が批判的思考能力や理性的判断力と
いった徳育につながることもある。「生活習慣を大切にする」という徳育が学
力の向上につながるという面もある[13]」のである。近年、広く用いられるように
なった「心の教育」、「心の成長」といったワードも、こうした視点からとらえ
られていくことが肝要である。

　第3点は、1人1人の人間形成において、生涯にわたる心身の健やかな発達
という視点から、家庭教育、学校教育、社会教育のそれぞれが、さらに連携
的・協働的に繋がり、結びついていく必要があるということである。教育基本
法第13条(学校、家庭及び地域住民等の相互の連携協力)は、「学校、家庭及び地域
住民その他の関係者は、教育におけるそれぞれの役割と責任を自覚するととも
に、相互の連携及び協力に努めるものとする」と定めているが、例えば、近
年、職域においては、若年層のうつ病件数の増加や早期離職、コミュニケー
ション不足等の課題が深刻化しているとの指摘もあり[14]、こうした問題について
も、子ども・若者が自らの将来を考えていくうえで、「多様な年齢・立場の人
や職業にかかわる様々な現場を通して、自己と社会についての多様な気づきや
発見を経験させる[15]」ことなどは一定、有意義であろう。保育・教育の世界に
あって、家庭、園・学校、地域社会の相互の連携協力の重要性と必要性が叫ば
れて久しいが、現代においても、必ずしも十分に機能・実現しているとはいい
がたい状況にある。それは、学校教育と並んで、家庭教育や社会教育が大いに
尊重され、振興されていかねばならないということでもあるが、かかる意味に

おいて、地域の教育資源をむすびつけ、学びの場を核にした地域コミュニティ
の形成に向けた取り組み[16)]が求められるところである。

お わ り に

　中谷彪は、こう主張している。すなわち、「感性」は、「理性に対する意味で
の感性と考えられがち[17)]」であるが、そうではなく、「考える葦（あし）」である人間に
とって、「すぐれて人間の理性的で価値判断的な営みであるということ、換言
すれば、理性によって真・善・美を見極め（または認識し）、それらに感動した
り共鳴したり同意するという人間的な行為[18)]」である、と。この指摘にある通
り、感動や感性は、きわめて理性的な人間的な行為といってよいであろう。
　人間形成と心理のあり方を考えるにあたって、「人格の完成」または「心身
の健康」の基準ともなるべき「真・善・美」の普遍的価値に関係する科学的能
力、道徳的能力、芸術的能力などの人間的諸能力の発展・完成の姿を、1人1
人の人間がその年齢や特性などに応じて、イメージしていくことが大切であ
る。保育・教育は、すべての人間の自己形成と自己実現、そして、幸福（ウェ
ルビーイング）の追求に貢献するものでなければならないのである。

[演習問題]
1．子ども・若者の心の育ちをめぐる状況について調べてみよう。
2．人間形成における心身の健やかな発達の意義と内容についてまとめてみよう。
3．生涯における人間形成に係る保育・教育の課題について考えてみよう。

注
1）参照：中谷彪・小林靖子・野口祐子『西洋教育思想小史』晃洋書房、2006年。
2）文部科学省は、道徳教育用教材として『心のノート』を作成し、2002年4月、全国の
　小・中学校に配布した（2014年2月全面改訂）が、これなどは、その証左の1つであ
　る。参照：伊藤良高・冨江英俊・大津尚志・永野典詞・冨田晴生編『道徳教育のフロン
　ティア』晃洋書房、2014年。
3）参照：伊藤良高「子ども・若者政策の理念と展開」、伊藤良高・永野典詞・大津尚
　志・中谷彪編『子ども・若者政策のフロンティア』晃洋書房、2012年。
4）中谷・小林・野口前掲書、77-78頁。
5）参照：伊藤良高「人間形成と道徳——価値観多様化時代の「人格の完成」論——」伊

藤・冨江・大津・永野・冨田編前掲書、他。

6）中谷彪『教育基本法の世界――教育基本法の精神と改正論批判――』渓水社、2003年、32頁。

7）文部省『教育基本法説明資料』1947年3月。

8）参照：伊藤良高「教育の目的・理念をめぐる議論と展開」、伊藤良高・中谷彪編『教育と教師のフロンティア』晃洋書房、2013年。

9）菅原ますみ「はじめに――子ども期の幸せを測る――」、菅原ますみ編『子ども期の養育環境とQOL』金子書房、2012年、iv頁。

10）辻田力・田中二郎監修／教育法令研究会『教育基本法の解説』国立書院、1947年、63頁。

11）同上、60頁。

12）同上、61頁。

13）大津尚志「道徳教育の歴史②――戦後の日本――」、伊藤・冨江・大津・永野・冨田編前掲書、32頁。

14）参照：西田千鶴「適応障害の人に対する福祉的支援――衛生指導員の役割と実際――」、伊藤良高編著『教育と福祉の課題』晃洋書房、2014年、他。

15）文部科学省・中央教育審議会「今後の青少年の体験活動の推進について（答申）」2013年1月。

16）参照：文部科学省・中央教育審議会「第2期教育振興基本計画について（答申）」2013年4月。

17）中谷彪『風土と学校文化――学校文化経営学――』北樹出版、1992年、180頁。

18）同上。

参 考 文 献

伊藤良高『幼児教育行政学』晃洋書房、2015年。

伊藤良高・伊藤美佳子『子どもの幸せと親の幸せ――未来を紡ぐ保育・子育てのエッセンス――』晃洋書房、2012年。

伊藤良高・大津尚志・永野典詞・荒井英治郎編『教育と法のフロンティア』晃洋書房、2015年。

伊藤良高・中谷彪・北野幸子編『幼児教育のフロンティア』晃洋書房、2009年。

伊藤良高・永野典詞・三好明夫・下坂剛編『新版　子ども家庭福祉のフロンティア』晃洋書房、2015年。

中谷彪・伊藤良高編著『改訂版　歴史の中の教育〈教育史年表〉』教育開発研究所、2013年。

第2章 親と子の愛着

――乳幼児期を中心に――

は じ め に

　近年、人口減少や少子高齢化など子どもと子育て家庭を取り巻く環境の変化のなかで、子どもの心身ともに健やかな育ちや家庭、地域における子育て力の向上に対する社会的な関心が高まっている。とくに、「格差社会」の広がりのなかで、子どもの生命・生活・発達保障の基盤の1つとしての家庭環境の重要性が指摘され、家庭において親（父母その他の保護者。以下、「保護者」ともいう）と子が安定した関係を構築していくことの大切さが唱えられている。

　本章では、こうした状況を踏まえながら、親と子の愛着形成をめぐる理論と実践について、乳幼児期を中心に考察していくことにしたい。具体的には、まず、現代における乳幼児の育ちと子育てのありようについて、保育の現場（ここでは、主に保育園（所））からとらえておきたい。そして、乳幼児期の親と子の愛着形成に関する理論を概観したうえで、親と子の愛着形成をめぐる課題について指摘することにしたい。

1　現代における乳幼児の育ちと子育て

――保育の現場から――

　近年、保育の現場においては、障がいのある子どもや発達上の課題が見られる子どもなど、個別的な配慮と支援を必要とする子どもが増えている。それは、発達障がい、アレルギー、虐待や不適切な養育を受けているなど、きわめて多岐にわたっている。子どもたちのなかには、特定の大人との情緒的な絆が形成されていない、自己肯定感が育まれていないなど、心身に何らかの問題を抱えている者も少なくない。長瀬美子の指摘によれば、なかでも深刻であるのが、子どもたちの「育ちそびれ」（各年齢で、適切な経験を通して獲得すべきことを獲

得し残した姿）の1つとしての「他者との関係の難しさ」である。それは、暴力
や暴言というかたちで現れることもあれば、集団的活動に参加しようとしな
い、協力して活動できないという問題として認識される場合もある。いずれの
場合も、子ども個人の課題であると同時に、保護者の生活の厳しさなど、現代
の子どもと子育て家庭を取り巻く環境のありようが、子どもの育ちに反映した
ものである。保育士は、こうした状況を踏まえながら、すべての子どもの健や
かな育ちをめざして、1人1人の子どもの成育歴や発育・発達の状況に留意
し、適切な対応を行っていかなければならない。

　また、「格差社会」の広がりのなかで、経済的困難や生活必需品の欠乏のた
め心に余裕を持てないまま子育てを行っている保護者、精神疾患があり著しく
養育能力に欠ける保護者、地域のなかで誰も頼ることができず、子育てに孤軍
奮闘している保護者など、日常生活や子育てに困難を抱えている保護者も増え
ている。近年、保育園などの保育施設において、子どもの保育・幼児教育とと
もに、その保護者に対する支援、さらには地域における子育て支援を担う役割
が高まっているが、保護者と子どもとの間に、愛着の発達の遅れや不安定な愛
着関係が見られることがある。こうした保護者のなかには幼い頃、自分の親か
ら同じような状況や環境で育てられ、自身が親になったとき、どのように子ど
もに関わっていけばよいのかわからない者が多い。すなわち、保護者の心のな
かに「信頼できる親のイメージ」がうまく形成されておらず、それがゆえに、
子どもにとって安心、信頼の源泉（安全基地）とはなっていないのである。保
育士は、こうした子育てに困難を抱える保護者とその子どもとの関係に心を配
り、子どもの最善の利益を重視して適切な支援を行っていかなければならな
い。

　保育の現場にあっては、特定の大人との親密な関わりにおいて育まれる子ど
もと大人の信頼関係が、子どもが主体的に育っていく基盤となることに鑑み、
「すべての子どもと保護者に平等なまなざしを注ぎ、子どもの健やかな育ちと
最善の利益の保障のために尽力すること、そして保護者と日々接触があるとい
う貴重な場であることを踏まえ、保護者へも丁寧に対応していくこと、こうし
た『保育の基本』を積み重ねていく」ことが求められているといえよう。

2 乳幼児期の親と子の愛着形成に関する理論

　人が心身ともに健やかに育ち、幸福な人生を送るためには、生涯にわたる生きる力の基礎が培われる乳幼児期に、家庭もしくはそれにかわる環境（以下、「家庭」と総称する）において、日常的な保護や世話などを通じ、愛情をこめて応答的に関わる特定の大人との愛着関係が育まれていくことが不可欠である。一般に、「愛着」という概念は、保育学辞典によれば、「特定の人物に対して結ぶ情緒的きずな」、「特定の相手に対する強い情緒的結びつき」などと定義づけられている。以下では、乳幼児期の親と子の愛着形成に関する理論を概観しておきたい。

　ボウルビィ（Bowlby, J.）は、乳幼児期の母子関係の形成について、愛着（アタッチメント）という概念を導入し、乳児の母親への愛は、生理的欲求を満たすためでなく、人間の乳児は、誕生の瞬間から略奪や遺棄からの保護を求めて、人とのかかわりを持とうとする本能を生得的に持って誕生するという理論（愛着理論）を提唱した。彼は、乳幼児が、生得的に備わった愛着行動を用いて他者との相互作用を繰り返しながら、愛着を形成し発達させていく過程を 4 段階に分けて考察している。そして、マターナル・デプリベーション（母性的養育の喪失）によって子どもが失うのは、健全な愛着を形成する機会であり、そのことが、子どもの将来の発達に大きな影響をもたらすことを説明している。また、乳児の泣きや微笑などの意図的なシグナルや接近・接触の要求、相互作用場面での働きかけに対し、愛着対象がどのように応答し、いかに「安全基地」として機能してきたかの歴史に基づいて形成される「愛着対象に対する内的ワーキングモデル」（以下、「内的ワーキングモデル」という）を重要なものとしている。

　エインズワース（Ainsworth, M. D. S.）らは、愛着の発達には大きな個人差があり、また、個々の子どもの愛着行動にはいくつかのパターンがあることを見出し、ストレンジ・シチュエーション法と呼ばれる実験室的方法を開発した（図2-1参照）。この実験法により、特に分離・再会場面で、母親に対してどのような行動を向けるのかを中心として、子どもの愛着の質（個人差）を、安定愛着群（B 群）と不安定愛着群（A 群：回避型、C 群：アンビバレント型、D 群：無秩序型）に分類した（D 群は後に加わる）。その結果、愛着の質（個人差）を決定する

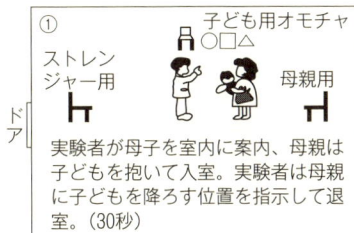

① ストレンジャー用　子ども用オモチャ　母親用

ドア

実験者が母子を室内に案内、母親は子どもを抱いて入室。実験者は母親に子どもを降ろす位置を指示して退室。（30秒）

② 母親は椅子にすわり、子どもはオモチャで遊んでいる。（3分）

③ ストレンジャーが入室。母親とストレンジャーはそれぞれの椅子にすわる。（3分）

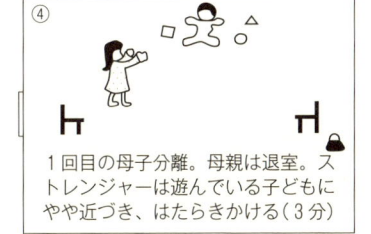

④ 1回目の母子分離。母親は退室。ストレンジャーは遊んでいる子どもにやや近づき、はたらきかける（3分）

⑤ 1回目の母子再会。母親が入室。ストレンジャーは退室。（3分）

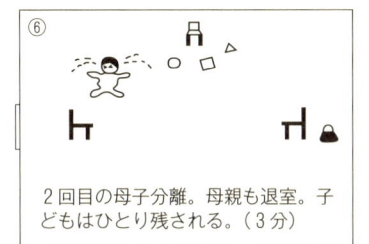

⑥ 2回目の母子分離。母親も退室。子どもはひとり残される。（3分）

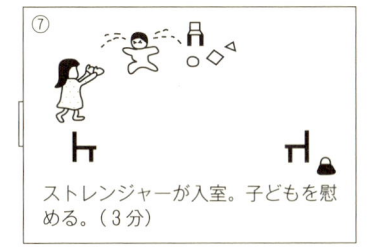

⑦ ストレンジャーが入室。子どもを慰める。（3分）

⑧ 2回目の母子再会。母親が入室しストレンジャーは退室。（3分）

図2-1　ストレンジ・シチュエーションの8場面

出典：繁多進『愛着の発達——母と子の心の結びつき——』大日本図書、1987年、79頁。

要因は、子どものシグナルに対する母親側の感度のよさ（敏感性）と応答性の程度であると結論づけている。

後に、ジョージ（George, C.）らにより、成人の愛着の質を測定する方法としてアダルト・アタッチメント・インタビューという方法が開発され、母親の愛着の質（個人差）と子どもの愛着の質（個人差）の一致率が70％ほどあるという研究結果が示されたことにより、「愛着の世代間伝達」という現象も注目されるようになった[9]。しかし、今日では、愛着の質にかかわる「内的ワーキングデル」の形成は、母親だけではなく、父親、祖父母、保育者等との出会いによってもあり得ることが指摘されている。

また、愛着の発達の規定因に関して、スターン（Stern, D. N.）も、ボウルビィやエインズワースら同様、母子関係で行われる日々の相互作用に注目し、アチューンメント（乳児の感情や行動の意味を読み取り、呼応して母親が応答するような相互作用）と名づけ、「感情の間主観的共有」とみなしている[10]。それは、その後の子どもの他者との情動的コミュニケーションや共感の基礎となる。最近の愛着研究においては、「安全基地」としての養育者に求められる養育姿勢として「敏感性」に代わり、「情緒的利用可能性」、「情動のオープンなやりとり」の重要性が指摘されることが多い[11]。

一方、愛着理論では、子どもは、親を「安全基地」として活用し、探索活動や新しいことへの挑戦を試みるのに対して、子どもの新しいことへの挑戦は、愛情あふれる親との協力の下で進められるとして、親子の関係を、コンパニオンシップであるとする考えもある。その関係は、親だけではなく、祖父母、保育者、近隣の人々など、その子に親しみを示す誰とでも成立するものであるため、社会文化的価値の伝達の場である保育の基本的な概念であるといわれている。このように、様々な見解が展開されているが、乳幼児期の親と子の愛着形成の重要性は、近年、脳科学の分野からも支持されてきている。

3　親と子の愛着形成をめぐる課題

では、現代における親と子の愛着形成をめぐる課題とはいかなるものであろうか。以下では、3点、指摘しておきたい。

第1点は、家庭における安定した親子関係の重要性について、すべての保護者に対し、広く情報提供や啓発を行っていくことが大切であるということであ

る。厚生労働省「保育所保育指針」（2008年 3 月）は、「子どもは大人によって生命を守られ、愛され、信頼されることにより、情緒が安定するとともに、人への信頼感が育つ」と述べ、おおむね 6 カ月未満の子どもについて「視覚、聴覚などの感覚の発達はめざましく、泣く、笑うなどの表情の変化や体の動き、喃語（なんご）などで自分を表現し、これに応答的に関わる特定の大人との間に情緒的な絆が形成される」などと記している。しかしながら、すでに見たように、現代の家庭における子育てにあっては、不適切な養育や虐待など様々な問題を抱えている。こうした保護者に対し、乳幼児期には信頼する大人、特に保護者の影響を強く受けることや、保護者が安定した気持ちで乳幼児を育てていくことが乳幼児の健やかな育ちにとって大切であるということを、子育て支援の一環として、育児講座や子育てサークルの活動、赤ちゃんのいる家庭への児童委員等の訪問など多様なツールや機会を活用して伝えていくことが望まれる。

　第 2 点は、家庭における安定した親子関係の重要性を踏まえ、保育園などの保育施設において、保育士、特に身近にいる特定の保育士がその専門的知識及び技術をもって、より応答的かつ積極的に子どもに関わっていくことが求められているということである。この点に関して、厚生労働省「保育所保育指針解説書」（2008年 3 月。以下、「指針解説書」という）は、「乳児保育に関わる配慮事項」の 1 つとして、「乳児が成長する上で、最も重要なことは、人との継続的かつ応答的な関わりです。特定の保育士等が、愛情豊かに優しく語りかけながら世話をすることにより、乳児は、顔を見たり、表情を変えたり、声に反応したり、手足を動かしたり、子どもなりに自分の気持ちを表現していきます」と述べ、信頼感など子どもが人として生きていく土台が乳児保育においてつくられることの大切さを示している。近年の研究においても、子どもが、家庭における特定の大人以外の人間と「アタッチメントのネットワーク[12)]」を形成していくことの重要性が指摘されている。保育士は、まさしく、そのネットワークにおける中核的な存在として関わっていくことが期待されるのである。

　そして、第 3 点は、家庭における安定した親子関係を支える地域のネットワークをさらに構築していくことが必要であるということである。とりわけ、家庭において、日常的な保護や世話などを通じて、子どもに応答的に関わっている特定の大人に対する支援の広がりが求められている。近年、保育園などの保育施設においては、保護者支援・地域子育て支援との関わりで、地域の関係機関・関係者との連携を図っていくことの大切さが唱えられている。上記「指

針解説書」は、「地域の様々な人や場や機関などと連携を図りながら、地域に開かれた保育所として、地域の子育て力の向上に貢献していくことが、保育所の役割として示されています」と述べ、市町村の他、具体的な連携先として、児童相談所、福祉事務所、保健センター、療育センター、小学校、中学校、高等学校、児童委員、つどいの広場、児童館、家庭的保育（保育ママ）、ベビーシッター事業、ファミリーサポートセンター事業、関連 NPO 法人などを挙げている。結婚・妊娠・出産・育児における切れ目のない支援が求められている今日、保護者が安心して子育てができるような社会的サポートの充実が課題である。

おわりに

　近年、愛着の発達が阻害されている乳幼児に対し、愛着理論を応用した心理的介入法が開発されている。すなわち、安定した愛着をもたらすために、保護者の愛着表象（ひょうしょう）や養育行動に介入していくもので、保護者の愛着表象や保護者の子どもの信号への敏感性、または、その両方に焦点づけて支援が行われる。代表的なプログラムとして、「MTB (Minding the Baby)」、「ABC (Attachment and Behavior Catch-up)」、「安心感の輪子育てプログラム COS (Circle of Security)」、「ビデオ育児支援法」、「乳幼児―親心理療法」、「修復的愛着療法」などが挙げられる[13]。こうした多様なプログラムが開発され、その効果について検証が進められつつあるが、今後、保育や子育て支援の現場で活用され、乳幼児期における親子関係の構築に資することが期待される。

> **演習問題**
> 1．現代の乳幼児の育ちと子育てをめぐる状況について調べてみよう。
> 2．乳幼児期における親と子の愛着形成に関する理論について整理してみよう。
> 3．家庭における安定した親子関係を支える子育て支援のあり方について考えてみよう。

注
1）長瀬美子「新制度の「保育」観を問う――子ども・子育ての実態から求められる保育の課題――」、全国保育団体連絡会・保育研究所編『保育白書2013年版』ちいさいなかま社、2013年、135-136頁。
2）同上。

3 ）伊藤良高「保育制度・経営論としての保育ソーシャルワーク」、日本保育ソーシャルワーク学会編『保育ソーシャルワークの世界』晃洋書房、2014年、25-28頁。

4 ）小西祐馬「子どもの貧困と子育て家庭」、全国保育団体連絡会他編前掲書、16頁。

5 ）岡田正章・千羽喜代子・網野武博他編『現代保育用語辞典』フレーベル館、1997年、17頁。

6 ）保育小事典編集委員会編『保育小辞典』大月書店、2006年、1 頁。

7 ）Bowlby, J., *Attachment and Loss, Vol. 1 ： Attachment.* The Hogarth Press, 1969. Bowlby, J., *Attachment and Loss, Vol. 2 ： Separation.* The Hogarth Press, 1973. Bowlby, J. *Attachment and Loss, Vol. 3 ： Loss.* The Hogarth Press, 1980. 参照：ジョン・ボウルビィ（黒田実郎他訳）『母子関係の理論』（全 3 巻）、岩崎学術出版社、1976-1981年；黒田実郎『乳幼児教育論——心理学の立場から——』創元社、1979年。

8 ）Ainsworth, M. D. S., Blehar, M., Walters, E., & Wall, S. Patterns of attachment. Erlbaum, 1978. 参照：繁多進『愛着の理論——母と子の心の結びつき——』大日本図書、1987年；中野茂「親子相互作用とアタッチメント」河合優年・中野茂編『保育の心理学』ミネルヴァ書房、2013年、116-119頁。

9 ）George, C., Kaplan, N., & Main, M., *An adult attatchment interview. Department of Psychology*, University of California, 1985. 参照：繁多進編『子育て支援に活きる心理学——実践のための基礎知識——』新曜社、2009年、89-90頁。

10）Stern, D. N.,*The interpersonal world of infant.* Basic Books, 1985. 参照：繁多編前掲書、92-93頁。

11）参照：初塚眞喜子「アタッチメント（愛着）理論から考える保育所保育のあり方」『相愛大学人間発達学研究』第 1 巻、2010年。

12）同上、10頁。

13）参照：近藤清美「ビデオ育児支援法による親子関係支援」、編集委員会編『子育て支援と心理臨床』第 9 号、2014年。

参 考 文 献

伊藤良高・伊藤美佳子『子どもの幸せと親の幸せ——未来を紡ぐ保育・子育てのエッセンス——』晃洋書房、2012年。

伊藤良高・中谷彪・北野幸子編『幼児教育のフロンティア』晃洋書房、2009年。

伊藤良高・永野典詞・中谷彪編『保育ソーシャルワークのフロンティア』晃洋書房、2011年。

無藤隆・岩立京子編著『乳幼児心理学』北大路書房、2009年。

コラム1

▶スマホと育児環境

育児環境におけるスマホの普及

　スマートフォン（以下、スマホ）が登場してからというもの、私たちの生活は大きく変化した。何をするにもスマホ1つで事足りる。例えば、友人と連絡を取る、電車の時間を調べる、動画や写真を撮る・見る、調べ物をする、メモを取る、ゲームをする、音楽を聴く、などである。このように、膨大な情報を入手・管理し、さらに娯楽ツールとして使用することができるのである。日常生活においてスマホが欠かせないものとなっている人も多いのではないだろうか。このような高い利便性がスマホの普及を急速に進める一方で、スマホに起因する社会問題が指摘され始めている。

　育児に関して言えば、子どもといながらスマホ操作に熱中する親の姿や、スマホをベビーカーの子どもが触っている光景を目にすることも今日では珍しくない。日本小児科医会は、2013年12月に「スマホに子守りをさせないで」と呼びかけるポスターを作成し、愛着関係を築く時期のスマホの使用に警鐘を鳴らしている。具体的には「ムズがる赤ちゃんに、子育てアプリの画面で応えることは赤ちゃんの育ちをゆがめる可能性があ」ること、メディア機器への接触により「親子の会話や体験を共有する時間が奪われてしま」うこと、「親がスマホに夢中で、赤ちゃんの興味・関心を無視してい」ることなどを指摘している。同会の2004年の「子どもとメディア」の問題に関する提言[1]には、スマホについての言及はなかったことから考えると、ここ10年でスマホが普及し育児環境にもその存在が影響しつつあることがうかがえる。

　実際、ベネッセ教育研究所が乳幼児（0歳6カ月～6歳就学前）をもつ母親（20代～40代）を対象に行った「乳幼児の親子のメディア活用調査」報告[2]（2013年3月）によると、乳幼児のいる母親の約6割がスマホを所有し、とりわけ20代の母親の所有率は8割を超えていることが明らかになった。また、母親がスマホを利用している2歳児の2割がスマホを毎日使用しており、使用場面としては、外出での待ち時間に子どもに使用させている割合が5割を超えていることも分かった。スマホは、テレビやビデオと異なり、外へ持ち出せ、指1つで容易に操作できるメディア機器である。家事で手が離せない時や外での待ち時間に子どもにスマホをもたせるという選択肢は、ここ数年で広がってきた子育て環境への影響の1つと思われる。

スマホの子育てアプリとその活用

　人気アプリを探せるサイト「iPhone アプリ・iPad アプリ情報サイト—Appliv（アプリヴ）」にまとめられている子育て関連アプリ[3]では、1359件（2015年 9 月 8 日現在）ものアプリケーションが紹介されている。内容を見てみると、① 赤ちゃんをあやす（いないいないばあをしてくれる、音で泣きやませる、おもちゃのかわりなど）、② 育児・子育ての記録（思い出を記録する、授乳時間を知らせてくれる、育児用語辞典、体格を確認できる）、③ 幼児 / 子供向け知育 / 遊び（お絵描き、パズル、数を数える、言葉を学ぶ、絵本、ごっこ遊びなど）、④ 子どものしつけ（はみがきのしつけ、トイレのしつけ、鬼から電話など）の 4 つにカテゴライズされ、人気ランキング付けがなされている。実に多種多様なアプリが存在しており、おもちゃや絵本などかさばるものを持って外出せずにスマホで代替することも可能になってきているのかもしれない。

　スマホの使用については、アプリの目的別に考える必要があるだろう。大別すると、上記アプリの②は親が使用し、①、④は親が子どもとのやりとりで使用するもの、③は子どもが使用するものと分けられる。②においては、予防接種や健診のスケジュールを管理出来たり、離乳食のレシピを調べたり、育児に関する疑問を解決できたりと親にとっては非常に便利な機能を備えている。このように育児の手助けになると考えられる機能は積極的に使用していっても良いのではないだろうか。①、④に関しては、懐疑的になる必要がある。コミュニケーションの発達にとって何より重要なのは、赤ちゃんから発せられる様々な情動表出に対して、適切に応答してくれる人の存在である[4]。赤ちゃんに対してスマホの画面上の映像や音を見聞きさせてあやすよりは、人の表情や声、おもちゃなど実物に触れる方が赤ちゃんの発達にとってふさわしいのは言うまでもないだろう。③は子どもがスマホを触って使用する内容のものが多く、善悪両方の側面を持つと言える。いくらスマホで代替できるとはいえ、実際にできること（絵本やお絵描き、ごっこ遊びなど）に関しては、安易にスマホに頼るのではなく実体験として経験させるべきである。しかし、スマホという機器で絵を描いたり、気になることが調べられたり、音楽を流せたり、写真を撮ったりできるということを学ぶという意味では、これからの時代で生きていく上で重要な側面でもある。今後スマホ等の機器はますます発展し、それらを使いこなすスキルを身につける必要があるからである。スマホのゲームなどを通して、親と一緒にデジタル機器の有能な使い方を感覚的に幼児期から身につけるという意識のもと、スマホを使用することはむしろ重要なことではないだろうか。

　ベネッセの同調査では、スマホを子どもが使用する時間はおもちゃ遊びや外

遊びに対して相対的に少ないことや、スマホのアプリを子どもが使用すること
に対して、母親がメリットデメリット両方を認識していることもあわせて示唆
されている。スマホのデメリットを認識したうえで、あくまでも子育ての補助
としてスマホを用いている母親も多いということがうかがえる。

　1日中スマホを触りつづけるスマホ依存の若者が問題視されるなど、社会的
にはスマホを子ども達が使用することについては、否定的な風潮が強い。しか
し、藤原幸男は「生まれたときからデジタルメディアに囲まれて育った子ども
は、それ以前の世代と比べてデジタルメディアに対する抵抗がなく、物事に対
する探究と他者との協同において新たな可能性を持つ」と述べているように、
情報化社会においてスマホ等のIT機器を使用せずに生活することは困難であ
り、むしろそれらを適切に使いこなすことが必要な時代になってきている。数
十年後はこれまで以上にテクノロジーが発展し、スマホとは違った媒体のデジ
タル機器が登場している可能性もあるだろう。使用者とその目的を考え、意識
的に使用をコントロールしていくことが重要である。

注
1）公益社団法人日本小児科医会「『子どもとメディア』の問題に対する提言」公
　益社団法人日本小児科医会HP（http://jpa.umin.jp/index.html　2015年9月
　15日最終確認）。
2）ベネッセ教育総合研究所「乳幼児の親子のメディア活用調査報告書」2013年3
　月。
3）Appliv［アプリヴ］HP（http://app-liv.jp/　2015年9月8日最終確認）。
4）江尻桂子「赤ちゃんは気持ちを伝えたり読み取ったりすることができるか」、
　内田伸子編『よくわかる乳幼児心理学』ミネルヴァ書房、2007年、42頁。
5）藤原幸男「デジタルメディア時代における子ども像の進化」、日本教育方法学
　会編『デジタルメディア時代の教育方法』図書文化社、2011年、12頁。

| 第 3 章 | 子どもの道徳性の発達と教育 |

はじめに

　本章では人間形成において重要な「道徳性」について取り挙げる。日本の『小学校学習指導要領解説　特別の教科　道徳編』(文部科学省、2015年) では「道徳性とは、人間としてよりよく生きようとする人格的特性であり、道徳教育は道徳性を構成する諸様相である道徳的判断力、道徳的心情、道徳的実践意欲と態度を養うことを求めている」と述べられている。ここでは、道徳性の発達に関する研究について概観し、道徳教育の方法について整理したうえで、子どもの道徳性発達と道徳教育の課題について考察する。

1　道徳性の発達に関する研究

　「道徳性」(morality) は道徳的判断力や道徳的心情など、いくつかの要素から構成されるものと考えられる。道徳性に関する研究は、認知的・情緒的・文化的の3つの側面から行われてきており、それぞれ道徳性の異なる側面を強調している[1]。道徳性をどう定義するかについても議論があり、道徳性に関する様々な理論がある。

　従来の道徳性の発達研究においては、情緒的側面、行動的側面、認知的側面のいずれかに重点が置かれており、それぞれ、フロイト (Freud, S.) による精神分析理論、バンデューラ (Bandura, A.) らの社会的学習理論、ピアジェ (Piaget, J.) による認知発達理論を道徳性発達理論の三類型と考えることができる[2]。ここでは、道徳性の発達の基本的な考え方である「他律から自律へ」を示したピアジェの研究と、それを発展させたコールバーグ (Kohlberg, L.) の認知的発達理論について説明する[3]。

　ピアジェは主に道徳的判断 (moral judgment) に関心があり、判断の基準とし

て「規則」（rule）に着目した。ピアジェは、ある遊びの規則に関する知識や認識について子どもにインタビューを行い、その結果を分析して、子どもの規則に対する認識を3つの段階で捉えた。最初の段階は子どもが思う通りに遊ぶ段階であり、遊びの規則に対して「守らなければならないもの」という義務的な意識がない段階である。第2の段階は、子どもが大人や年長者の真似をし、規則どおりに振舞おうとする段階であり、規則は「守らなければならないもの」として、子どもの行動を拘束するものとなる。第3の段階は、規則は拘束的なものではなくて協同的なものであり、相互の合意に基づけば修正可能なものと考える段階である。

　第2の段階において、子どもが規則どおりに振舞おうとするのは、規則を作った大人に対する〈一方的な尊敬〉を子どもが持つからであるとピアジェは

表3-1　コールバーグの道徳性発達段階

I　前慣習的水準 　この水準では、子どもは行為の物理的結果や快・不快によって善悪の判断を行う。	第一段階：罰と従順志向 　行為の物理的結果によって行為の善悪が決まる。罰を避け、力へ服従することが価値あることと考える。
	第二段階：道具主義的な相対主義志向 　正しい行為は自分自身の必要と、ときには他者の必要を満たすことに役立つ行為である。人間関係は市場取引と似たものであり、「～してくれたら、～してあげる」といった物理的な有用性に基づく相互性で成り立つ。
II　慣習的水準 　この水準では、個人の属する家族、集団、国家などの期待に添うことが価値あることと認識される。	第三段階：対人関係の調和あるいは「良い子」志向 　善い行為とは他者から肯定され、承認されることとである。多数意見や習慣化された行為に従うことが善とされる。
	第四段階：法と秩序志向 　権威や規則、社会秩序の維持など志向する。正しい行為とは、自分の義務を果たし、権威を尊重し、既存の社会秩序を維持することである。
III　脱慣習的水準、自律的原理的水準 　この水準では、道徳的価値や道徳原理を、すでにある集団の権威などと区別して、妥当性をもつよう規定しようとする明確な努力が見られる。	第五段階：社会契約的遵法主義志向 　正しい行為は、一般的な個人の権利や、社会全体により批判的に吟味され合意された基準によって規定される。個人的価値や意見の相対性がはっきりと認識され、社会的有用性についての合理的な考察により、法は変更される可能性がある。
	第六段階：普遍的な倫理的原理志向 　行為の正しさは、自らが選択した、論理的、普遍的な、一貫性をもつ倫理原理に一致する良心によって規定される。人間の権利の相互性と平等性、一人ひとりの人間の尊厳の尊重などが普遍的原理である。

出典：乙訓稔編『小学校と幼稚園の教育原理』東信堂、2011年、169頁。

考えた。これに対し、第3の段階では、規則が遊び仲間の間で作られたり変更されたりすることを経験し、それらが仲間同士の〈相互的な尊敬〉に基づくと考えた。つまり、規則を権威ある他者から与えられるものと考える「他律」の状態から、相互的な尊敬の関係がある中で協同的行為を通して作ることができるものと考える「自律」の状態へと発達することを道徳的判断の発達と考えたのである。

　コールバーグは道徳的な価値葛藤（モラルジレンマ）に対し、子どもがどう判断するかを追跡調査するとともに、道徳哲学の視点を取り入れ、3水準6段階の道徳性発達段階を設定した（表3-1参照）。この3水準6段階は年齢に応じたものではなく、発達の方向性を示すものと考えるべきであろう。しかし、コールバーグの道徳性発達理論における基本的な概念として注目すべきは、段階の設定そのものよりも、道徳的な認知構造がより高まることを道徳性の発達と捉えていることである。

　認知的発達理論に基づいて子どもの道徳性の発達を考えるなら、道徳教育は単に道徳的価値の内容を知らせることではなく、子どもの道徳的な認知構造、つまり、善悪の判断基準を質的に高めることが目標とされる。コールバーグは道徳的な価値葛藤を含む議論を通して、それが可能となると考えたのである。

2　道徳教育の方法[4]

　現在、日本の小・中学校で行われている「道徳の時間」（以下、「道徳授業」と表記）は、大きく分けると「道徳的価値の内面化」の立場、「価値の明確化」の立場、道徳性の認知的発達の立場に基づく3つの授業のタイプに分類される。それぞれ教育の目的や方法、道徳性育成についての考え方が異なっている。

　第1の「道徳的価値の内面化」の立場は、道徳的価値を含む資料を提示し、登場人物の気持ちを考えさせたりすることによって、道徳的価値を子どもたちに自覚させ、内面化させる教育方法を採る。日本でもっともよく行われている教育方法であり、基本的には伝統的な道徳教育の方法であるインカルケーション（Inculcation、直訳すると「教え込み」）による方法である。これは模範、教訓、賞罰などの方法を用いて道徳的価値の内面化を図るものであり、いわゆる「善いことは善い、悪いことは悪い、と教えるべき」という主張はこの立場にな

る。

　第2の「価値の明確化」の立場に基づく教育方法は、身の回りに存在する様々な価値の中から、自分が大切だと思う価値を主体的に選択し、それに基づき行動する力をつけることを目的としている。具体的には、問題解決的な授業や自分のあり方・生き方を考えるような「自分づくり」を支援する授業などである。この立場はアメリカで1960年代に登場した「価値の明確化」（Values Clarification）の立場に基づくもので、カウンセリング理論などの影響を受けている。この立場では、道徳教育を「価値内容を教えること」と捉えるのではなく、子どもたち自身が自分にとっての価値を明確にしていく「価値づけの過程」を学ばせることだと考える。したがって、授業では、グループでの話し合い活動やエクササイズなど様々な活動を通して、自分の考えを表現したり、他者の考えを聞くなどして、価値についての自分の考えを深めたり、新たな価値に気づいたりすることが目指される。

　第3は、前節で紹介したコールバーグの道徳性発達理論に基づくモラルジレンマ授業である。この授業方法は、「約束を守るか、友情をとるか」といった、一方を選択すると他方が成り立たないような二者択一を迫る道徳的価値の葛藤場面について議論することで、子どもたちの道徳的判断の基準を質的に高めることをねらいとしている。モラルジレンマ授業では、子どもたちにどちらかの立場を選択させ、それを選んだ理由を考えさせる。これは最初の価値判断に当たる。それを基に議論し、授業の終わりに再度、同じ問いについて立場を選択させる。これが2度目の価値判断となる。モラルジレンマ授業では、「どちらの立場を選択することが正しいか」を知ることではなく、議論を通して価値選択の理由づけを質的に高めることを目的としている。

　いずれの方法が優れているというわけではなく、それぞれ良い点と注意点がある。子どもの状況や取り扱う内容、目的によって、教育方法を選択する必要がある。

3　子どもの道徳性発達と道徳教育の課題

　上記の道徳教育の方法は、必ずしも子どもの発達段階に対応しているわけではない。モラルジレンマ授業も、コールバーグの道徳性発達段階を根拠にしているとはいえ、モラルジレンマに基づく議論が十分可能なのは小学校高学年以

表3-2　子どもの道徳的思考の発達の特徴

カテゴリー	子どもの思考の特徴
【カテゴリー1】 自己中心思考	他者の思考や感情が自分と異なることに気づく。
【カテゴリー2】 他者思考	他者の視点に立ち、その視点から自分の考えや感情を考えることができる。
【カテゴリー3】 自他相互思考	自己と他者の考えを関係づけることができる。
【カテゴリー4】 第三者思考	自己と他者の考えを客観的に見ることができ、第三者の視点から自己と他者の思考を調整することができる。
【カテゴリー5】 社会的思考	自己の視点を集団全体や社会全体と関係づけることができる。

出典：鈴木由美子他編著『やさしい道徳授業の作り方』渓水社、2011年、41頁から作成。

上と考えられる。学習指導要領解説には学年ごとの特徴が示されているが、それらの特徴を踏まえ、どんな授業を実施することが子どものどんな道徳性を発達させることになるのか、といった点については、まだまだ検討の余地がある。

　この点について、セルマン（Selman, R. L.）の「社会的視点取得理論[5]」に基づき、日本の道徳授業における子どもの思考を分析した鈴木由美子らは、**表3-2**のような子どもの道徳的思考の発達の特徴を示している[6]。

　自己中心思考は小学校低学年に多く、他者思考は小学校中学年に多く見られる。自他相互思考、第三者思考、社会的思考は小学校高学年から中学生にかけて見られるが、子どもの道徳的思考は年齢ごとに変わるのではなく、年齢や体験に応じて積み重ねられ、場面に応じて使い分けていると考えられる。このような道徳的思考の特徴を考慮に入れて、子ども達の道徳性の発達を支援することが望まれる。

おわりに

　子どもの道徳性の発達には様々な要因が関係すると考えられる。今回は主に道徳的判断に関する研究を中心に紹介してきたが、道徳的心情や感情についても多くの研究がある。子どもの道徳性は所属する社会や文化の影響を受けるとともに、親や他者からの愛情や人間関係からも大きく影響される。道徳性は

「心」のことだと捉えられがちだが、道徳性の発達はむしろ、認知的な発達や社会的学習との関連で研究されてきており、子どもの認識の発達や学習とも深く関連する。「心」の問題は単に「感情」の問題ではなく、育成可能なものであり、学習されるものである。

　道徳性の発達は「他律から自律へ」と向かうと考えられるが、それは道徳的心情に基づき、道徳的判断力をもって道徳的価値を選択し、それに応じて実行できる主体的な人間をどう育成するかという問題につながっている。

［演習問題］

1．道徳性に関する研究の具体的な内容について調べてみよう。
2．道徳教育の方法の3つのタイプそれぞれの良い点と注意点について考えてみよう。
3．子どもの道徳性の発達と道徳教育の関係についてまとめてみよう。

注

1）Johansson, E., Children's Morality: Perspectives and Research. In Spodek, B., & Saracho., O. N.（Eds）, *Handbook of Research on the Education of Young Children.* 2nd *ed.* Lawrence Erlbaum Associates, Inc, 2006, pp. 55-83.
2）小笠原道雄編『道徳教育原論』福村出版、1995年、30頁。
3）日本道徳性心理学研究会編著『道徳性心理学——道徳教育のための心理学——』北大路書房、1992年、29-114頁、参照。なお、今回は紙面の制約上、ピアジェとコールバーグの研究の中で、道徳性の発達の理解に必要な基本的理論のみを取り上げている。
4）丸山恭司編著『教師教育講座第7巻　道徳教育指導論』協同出版、2014年、185-199頁参照。
5）日本道徳性心理学研究会編著前掲書、181頁。
6）「子どもの対人関係認識の発達に即した道徳的判断力育成プログラムの開発」平成18-20年度科学研究費補助金（基盤研究（C）18530712　研究代表者：鈴木由美子）研究成果報告書、2009年、参照。

参 考 文 献

鈴木由美子他編著『心をひらく道徳授業実践講座　やさしい道徳授業の作り方』渓水社、2011年。
土戸俊彦編『〈きょういく〉のエポケー　第3巻　〈道徳〉は教えられるのか？』教育開発研究所、2003年。
諸富祥彦『新しい道徳授業づくりへの提唱・11　道徳授業の革新——「価値の明確化」で

生きる力を育てる——』明治図書、1997年。

ローレンス・コールバーグ（岩佐信道訳）『道徳性の発達と道徳教育』広池学園出版部、
　　1994年。

第 4 章 子どもの貧困問題と心の成長

は じ め に

　本章では、「子どもの貧困」の具体的な事例をふまえて、貧困問題を抱える子どもたちがどのように育つのかを考察する。ところで、「子どもの貧困」とは「子どもが経済的困難と社会生活に必要なものの欠乏状態におかれ、発達の諸段階におけるさまざまな機会が奪われた結果、人生全体に影響を与えるほどの多くの不利を負ってしまうこと」である[1]。これは、子どもの成長・発達を個々の親や家庭の「責任」とし、過度な負担を負わせている現状では解決が難しい重大な社会問題とされている。「子どもの貧困」は「お金がない」という問題が中核にあるが、このような経済的次元から衣食住や医療、余暇活動・遊び、日常的な養育・学習環境、学校教育などの様々な局面において多くの不利を負ってしまう問題でもある。さらに、「子どもの貧困」は、子どもの現在の状況に影響を与えるのみならず、長期にわたって固定化し、次の世代へ引き継がれる可能性（貧困の世代間連鎖）を含んでいる。

1 「子どもの貧困」の具体的事例

最初に、「子どもの貧困」の具体的事例について年代別にみていこう[2]。

1 幼 児 期

　5歳児クラスの慎治（仮名）。痩せ細った手足で膨れた腹をしているので、まるで飢餓で栄養失調になった子どものよう。約4カ月ぶりに祖母に付き添われて登園したが、園の廊下を体をふらふらさせてまっすぐ歩くのさえ大変だったという。

　慎治は20代の父親が再婚して間もなく登園しなくなった。父親は夜遅く祖母

に預けて行方知れず。50代の祖母は仕事をしていたため、保育園に通わせたのだ。実は、慎治は義母から虐待を受け、納戸に入れられていた。食事もままならず、小学生の姉が持ち帰った給食の残りをこっそりあげていた。

2　児　童　期

「食べものをちょうだい」。2008年の夏休み、東京都内の小学校4年生の男児が買い物袋をさげた通りすがりの人に食べものをねだっていた。男児の母親は障がいを抱え、自分1人の生活もままならない。同居していた祖母が昨春に亡くなってからは、男児は給食を食べるために学校に来ているようだった。しかし、夏休みには給食がない。それでもプール登校中は教職員が食べ物をもたせていたが、プールが休みになるお盆の数日間はついに食べ物がなくなったのか、通りすがりの人にねだるしかなかった。その男児は、2学期が始まる少し前に、自分から教師に「ぼく、児童相談所に行く」と言い、母親とは会わずに、そのまま施設に連れられて行ったという。

3　思春期・青年期

定時制高校生の由衣さん（仮名）は、朝7時に起床し、夕方まで飲食店でバイトし、そのまま学校へ行く。夜9時過ぎに授業が終わり、午前2時までまたバイト。寝るのは午前4時近くだ。もちろん土日もバイト。母親は体調を崩してから職がない。生活保護を受けておらず、一家はひとり親世帯向けの手当や由衣さんの奨学金を頼りに生計を立てている。由衣さんは月3〜5万円を家族の生活費に充て、残りは自分の将来の夢「幼稚園の先生」のために貯める。制服代や教科書代が捻出できず全日制をあきらめたのだが、由衣さんは「どうして私だけ……」という思いがこみ上げる。全日制に行かせられなかった母親は「だめなお母さんで、ごめんね」と言うが、由衣さんは聞きたくないので、自分から先に謝る。日々の睡眠が3時間のため、若いとはいえ頻繁に立ちくらみや頭痛に襲われる。登校しても授業に集中できない。ついにバイトを辞めるが夢を実現するためには多額のお金を欠かすことはできない。

②　貧困と子どもへの影響

貧困問題を抱える子どもはむかしもいた。例えば、北原怜子『蟻の街の子供

たち』には次のような子どもの会話が記されている（1950年12月の頃[3]）。

「叱る時だけじゃないよ。少しできすぎると言われるんだよ。絵が上手にできてはり出されると、バタヤの子の癖にって、みんなが言うんだ。算盤で一等賞をとった時でもそうだったよ」「あのね。教室の中で、物がなくなるとすぐ、私だと言うのよ」「それからね、チビれた下駄や、やぶれた洋服を着ていると、すぐバタヤの子、バタヤの子って言うの」「それならいいけど、せっかく、お母ちゃんの買ってくれた、新しいクレヨンや、鉛筆を持っていくと、それ盗んで来たんだろうって言うんだもの、いやになっちゃう」。

「蟻の街」とは東京浅草の言問橋の近くにあったバタヤ集落である。子どもたちは貧困を背景にしたいじめを理由に学校には行っていない。こうした子どもたちは経済的に困窮して苦しいだけでなく、何をしても「バタヤの子」と言われ仲間から排除されてしまう。息もつけないほど気がねし続ける幼い子どもの心には貧困が深く突き刺さっている。

さて、貧困の影響を発達心理学的に検討する際、その研究的枠組にブロンフェンブレンナー（Bronfenbrenner, U.）の人間発達に関する生態学的システムモデルを用いることが一般的だという[4]。このモデルでは、貧困が引き起こされるプロセス（例えば戦争や身分制度を含む社会的制度、学歴格差などの社会システム上の条件が、移民や低学歴、母親ひとり家庭などの特定人口階層の低賃金の就労につながる、など）と貧困が引き起こすプロセス（生活水準の低下やより劣悪で地価の安い居住環境での生活、経済的困窮による夫婦間葛藤や親の心身の健康問題、子どもの生育暦上の不利な体験など）の両者がどのように子どもの発達に影響していくかを時間の流れにそって分析していくことになる。影響を受ける子どもの年齢も重要であり（発達的タイミング、何歳で・あるいは何歳から貧困を経験するか）、一般に低年齢で始まり長期間にわたるほど発達への影響は大きくなることが示されてきている。

貧困が子どもの発達に及ぼす影響については、欧米を中心にすでに多くの知見が蓄積されている。貧困がどのようなプロセスを経て子どもの健康と発達に影響を及ぼすのかについては、社会原因論（貧困を含めた社会経済的要因が一方向的に人間発達に影響を及ぼす）や社会的選択論（家庭の経済的状況と子どもの発達との関連はみかけの関連にすぎず、親のパーソナリティや認知的能力などの個人的な特徴が両方に影響を及ぼす）とがある。さらに社会原因論と社会的選択論を組み合わせたものに図4-1のような相互作用モデルがある。

ところで、社会経済階層によって子どもの学習結果（成績）だけでなく学習

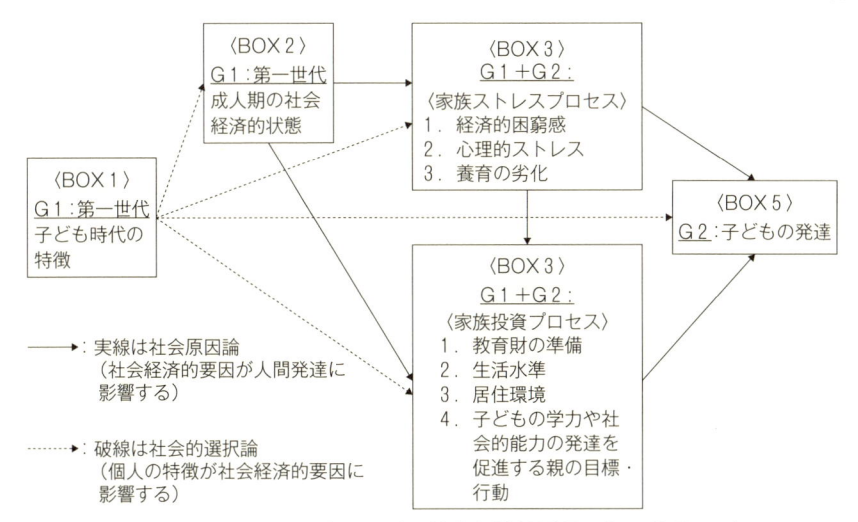

図4-1　子どもの発達に及ぼす社会経済的影響の相互作用モデル

出典：菅原ますみ「子ども期のQOLと貧困・格差問題に関する発達研究の動向」、菅原ますみ編『子ども期の養育環境とQOL』金子書房、2012年、9頁。

態度まで異なることが明らかにされている。例えば、内閣府による中学3年生を対象とした「親と子の生活意識に関する調査」（2012年）では、「テストでよい点がとれないとくやしい」という項目に対して「そう思う」とした子どもは貧困層では45.3%であったのに対し、貧困でない層では60.3%と大きく離れていた。貧困層の子どもたちは、頑張ろうとする意欲が奪われ、できない自分を受容してしまうのである。また、こうした勉強に対する意欲がもてないことの背景として、貧困層の子どもは自分自身の将来について明るい見通しをもっていないこともわかっている。[5]

　阿部彩はこのような結果をふまえて「このように貧困層の子どもは、親からの期待も低く、自分自身も自分が社会にとって価値のある人間と思っていない。おそらく、これが『がんばっても仕方がない』という意識を芽生えさせる下地にあると思われる」としている。[6]こうした自己肯定感の低さは外に向かうのではなく内に向かい、自分自身を傷つけ、親への申し訳なさや自己否定の感情を生み出してしまう。これを山野良一は「精神的な自傷行為」と呼んでいる。[7]

　他方で、イギリスで低所得家庭の子どもたちにインタビュー調査を実施した

リッジ（Ridge, T.）は、貧困の悪影響から親ができる限り自分の子どもを守ろうと精いっぱい奮闘するだけでなく、反対に子どもも親を守ろうとする事実を指摘する[8]。「このような子どもたちは、親の状況に気を遣う思慮深い一個の主体であり、彼らは自分の家族の生活の経済的現実を十分に意識し、それに合うように自分の要求を体系立てているということである」。子どもたちは大人が思っている以上に傷つき苦しんでいる一方で、生活現実を認識し主体的に行動しようとする点も忘れてはならない。

3 「貧困に抗う力」を育むために

　私たちは1人の大人として専門職として子どもの貧困にどう立ち向かったらよいのか。岩田美香は次のように述べている[9]。「筆者（岩田）が、かつてスクールカウンセラーやスクールソーシャルワーカーとして小・中学校に入っていたときにも、学校や親から相談された事例は、不登校やいじめ、引きこもり、反抗的態度、非行、子どもの障がいの疑い、親の精神疾患、虐待などが中心であり、貧困を主訴として相談された事例はみられなかった。しかし、それらの問題に対応していくなかで、子どもと家族の貧困が見え隠れしてくる」。そして、「当初は心理的援助を中心に相談活動をしていたものの、次第に福祉的援助へ転向していくことになったのも、生活に困窮している親たちの援助が展開できない、カウンセリングの土俵に上がってもらうことができないという現実があった」と岩田は述べる。親子が語る主訴の奥にある貧困を発見しようとすると同時に、心理的援助の限界も自覚する必要がある。

　本章1の具体的事例でみてきた小4男児は母親に会わずに自分から教師に児童相談所に行くと告げている。由衣さんも自身の夢を我慢して奨学金やバイト代を家族の生活費に充てている。このような子どもの主体的に行動する力を育む子どもの貧困対策をどのように考えたらよいだろうか。阿部は次のように述べている。「良好な親子関係や、良好な教師との関係が、貧困による自己肯定感の低下を緩和する要因となり、また、この防御促進効果は、貧困世帯の子どもに、より大きく表れることがわかった。これは、昨今、子どもの貧困対策として注目を浴びている無償の学習支援や『居場所』づくりなど、子どもとスタッフの1対1の関係を築く取り組みが子どもの自己肯定感低下を防ぐ効果が期待できることを示唆している」[10]。「よく来たね」「いっしょに頑張ろう」とい

う1対1の信頼関係を築く取り組みによって子どもたちの自己肯定感が育ち、さらに子どもたちは生活現実を認識し主体的に行動するようになる。このように子ども自身の「貧困に抗う力」が形成されると筆者は考える[11)]。

お わ り に ▰▰▰▰▰▰▰▰▰▰▰▰▰▰▰▰▰▰▰▰

　2013年に「子どもの貧困対策に関する法律」が成立し、翌年「子供の貧困対策の推進に関する大綱」（以下、大綱）が出された。大綱のスローガンは「全ての子供たちが夢と希望を持って成長していける社会の実現」であり、その重点施策には「貧困の連鎖を防止するための学習支援の推進」や「保護者の生活支援」があげられている。しかし大綱は、これをつくるために設置された「子どもの貧困対策に関する検討会」で出された意見を盛り込んでいないばかりか、新鮮さと具体性にも欠けている[12)]。

　子どもの貧困は見ようとしないと見えない。貧困問題を抱える子どもたちを発見し、耳を傾け、必要な行動を行う多くの大人が求められる。とりわけ、1の具体例でみたように、学校や保育所で働く専門職にそれが求められているのは言うまでもない。

　────
　│演習問題│
　────
　1．「子どもの貧困」の具体的な事例について調べてみよう。
　2．貧困・低所得家庭に育つ子どもの気持ちについて考えてみよう。
　3．「子どもの貧困」に対応する実践的課題についてまとめてみよう。

注
1）子どもの貧困白書編集委員会編『子どもの貧困白書』明石書店、2009年、10頁。
2）以下の諸文献からの要約。下野新聞子どもの希望取材班『貧困の中の子ども　希望ってなんですか』ポプラ社、2015年。赤旗社会部「子どもと貧困」取材班『『誰かボクに、食べものちょうだい』』新日本出版社、2010年。保坂渉・池谷孝司『ルポ　子どもの貧困連鎖　教育現場の SOS を追って』光文社、2012年。
3）北原怜子『蟻の街の子供たち』聖母の騎士社、1989年、41頁（単行本は1953年、三笠書房刊）。
4）菅原ますみ「子ども期の QOL と貧困・格差問題に関する発達研究の動向」菅原ますみ編『子ども期の養育環境と QOL』金子書房、2012年、1-23頁。
5）内閣府子ども若者・子育て施策総合推進室『親と子の生活意識に関する調査報告書』

2012年。

6）阿部彩『子どもの貧困II——解決策を考える——』岩波書店、2014年、62頁。

7）山野良一『子どもに貧困を押しつける国・日本』光文社書店、2014年、202頁。

8）テス・リッジ（渡辺雅男監訳／中村好孝・松田洋介訳）『子どもの貧困と社会的排除』桜井書店、2010年、269頁。

9）岩田美香「子どもの貧困から見た『子ども・若者支援』」原伸子・岩田美香・宮島喬編『現代社会と子どもの貧困　福祉・労働の視点から』大月書店、2015年、17-18頁。

10）阿部彩「子どもの自己肯定感の規定要因」、埋橋孝文・矢野裕俊編著『子どもの貧困／不利／困難を考える I ——理論的アプローチと各国の取組み——』ミネルヴァ書房、2015年、94頁。

11）こうした取り組みの先駆例として「山科醍醐こどものひろば」をあげることができる（特定非営利活動法人山科醍醐こどものひろば編／幸重忠孝・村井琢哉著『子どもたちとつくる貧困とひとりぼっちのないまち』かもがわ出版、2013年を参照）。また、これを地域で展開してきたところとして、大阪市西成区の「あいりん子ども連絡会」や「わが町にしなり子育てネット」がある。これらの取り組みについては、荘保共子「子どもの支援と公衆衛生への期待」『公衆衛生』第77号、2013年、16-25頁を参照されたい。

12）山野も「残念ながら、過去最悪の貧困率を更新したことに対しての『危機感』は見えてきません」「大綱の実効性はかなり未知数」と述べている。山野前掲書、238頁。

参 考 文 献

浅井春夫・松本伊智朗・湯澤直美編『子どもの貧困——子ども時代のしあわせ平等のために——』明石書店、2008年。

阿部彩『子どもの貧困——日本の不公平を考える——』岩波書店、2008年。

山野良一『子どもの最貧国・日本——学力・心身・社会におよぶ諸影響——』光文社、2008年。

第5章

第5章　学校における友人関係と児童・生徒の人格的成長

はじめに

　本章では、まず学校における友人関係について学級集団を中心に整理し、次に友人関係の特徴を友人の選択理由という観点から概観する。さらに、児童期・青年期における友人関係の変化と生活世界の拡がりについて述べ、最後に友人関係を通した人格的成長について述べる。

1　学校における友人関係

　児童期になると子どもは学校に通い、多くの時間を学校で過ごす。学校では、30名程度の子どもと教師1名がひとまとまりとなった学級集団が形成され、それを基本単位として1年間の学校生活が展開される。

　小石寛文[1])によると、学級集団とは、国の制度に基づいて歴年齢によって意図的に集められた集団であり、自然発生的にできあがる集団とは異なる特徴を持っている。しかし、生活を共にしていく中で学級の中に仲の良い者同士の下位集団が成立し、やがては学級全体がインフォーマルな集団となっていく。学級には体格やパーソナリティ、意欲、態度、知識や技能等、様々な個性を持つ子どもが存在し、教師の指導の下、そのような個性を持つ子ども同士の係わりによって学級集団の活動が展開される。その過程で子どもは仲間と協働したり競争したりすること、友人をモデルとしたり自身が友人のモデルとなることを経験し、それぞれの個性について理解を深めていく。

　このように子どもは学級において多くの時間を過ごすことから、学校における友人関係の多くは学級の中から発生してくるといえ、いじめ等の対人トラブルも学級の中で生じてくることが多い。このような学級で出会う友人に加えて、学校内でのクラブ活動、学校外での遊び場面や塾、スポーツクラブなどで

出会う同年代・異年代の友人との関係も子どもたちの友人関係を形作っている。

2 友人の選択理由の変化

　田中熊次郎[2]は、5歳から52歳までの幅広い年代を対象に友人を選択する理由を調査し、それらを① 相互的接近（住所が近い・いつも遊ぶ・通学路が同じ・席や列順が近いなど）、② 同情愛着（何となく好き・感じが良い・おとなしい・親切でやさしい等）、③ 尊敬共鳴（相手の学業や知能・人格的特性を尊敬し、気が合う・性格や趣味が一致する等）、④ 集団的協働（助け合う・チームワークがうまくいく等）に分類し、年齢ごとの選択率を整理した（図5-1）。この結果から、住所が近いことや通学路が同じであるといった外的な状況要因である相互的接近の選択率は幼児期の終わりにおいては多いが、年齢が上がるとともに少なくなっていくことが示唆された。一方、何となく好きや親切でやさしいといった同情愛着は幼児期から青年期前期（中学1、2年生頃）まで最も高い選択率を示す。このような、相手への比較的漠然とした好意感情に基づく友人選択は、青年期中期以降減少し、代

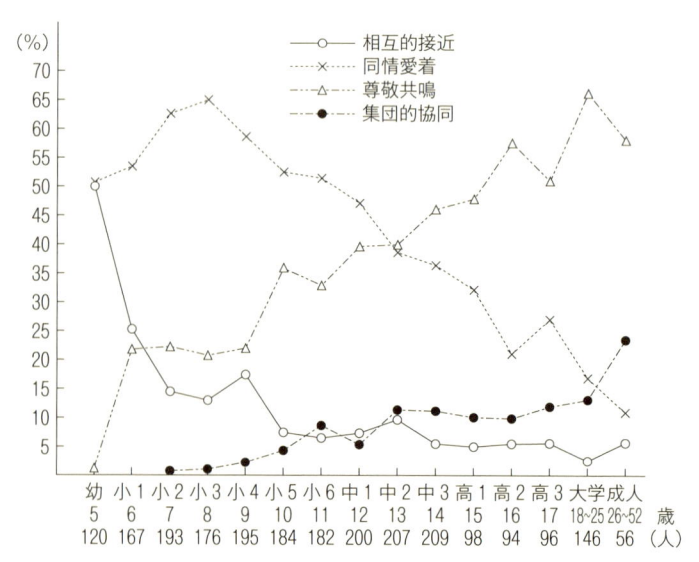

図5-1　友人を選択した理由

出典：田中熊次郎『新訂　児童集団心理学』明治図書出版、1975年。

わりに相手のパーソナリティや能力への尊敬、自己の趣味等との一致という、より内面に踏み込んだ尊敬共鳴が友人選択の主な理由となる。幼児期には友人の選択理由とはなりにくい集団的協力は青年期以降徐々に増加していく。

3　児童期・青年期における友人関係の変化と生活世界の拡がり ■

　ここでは友人関係の特徴を生活世界の拡がりという観点も踏まえて概観する。

1　児童期前期（小学校低学年頃）

　上で見たように、この時期の子どもにとって友人とは遊び仲間であるという特徴が強く、一緒に楽しい時間を過ごせる人が友人となる。仲間集団としての凝集性は低く、それゆえに集団のメンバーや友人の入れ替わりが比較的顕著な時期である。ただし、幼児期からすでに、何となく好きといった理由からでなく自分との相性を考慮して友人関係が深められていくこともあり、その傾向は女子において強い。この時期は、小学校での生活が始まる時期であり、子どもの生活世界は家庭を離れて拡がりを見せる。学級の仲間と一緒に学ぶ経験を積み重ね、他者をモデルとし、他者の行いを見てそれをマネながら（模倣しながら）自ら学ぶという観察学習が活発になる。ここにおいて、友人の経験が自分の経験の糧になり、また自分の経験が友人の糧になるという相互的な関係が生まれてくる。友人からマネ（模倣）され、他者のモデルとなり得るという自覚は、単に他者の経験から学ぶだけでなく、子どもに自負心を生み、それは自我の感情や自身に対する認識の深まりをもたらすのである[4]。

2　児童期後期（小学校中学年頃～高学年頃）

　サリヴァン（Sullivan, H. S.）によると、8歳から12歳頃（彼の分類では前青年期）には特定の相手との親しい関係を持ちたいという親密欲求が高まる[5]。この時期には気の合う子ども同士がくっつき合うように集まり、信頼関係を築いていく。交友関係は安定し、特定の人との友人関係が持続するようになる。この頃に、男子はギャング・グループ（gang group）という特徴的な集団を形成する。ギャング・グループは、同性の同年齢児から構成され、排他性や閉鎖性が強く、外面的な同一行動によって一体感を確認する。すなわちメンバーはリー

ダー的存在を中心とした親分─子分的関係の中で行動を共にし、スリルに満ちた冒険遊び、非行じみた遊びを行う。しかし、時間・空間・遊び仲間（いわゆる3間）の減少や子どもに対する大人の規制や管理の強化等の理由からギャング・グループの減少や消滅が懸念されて久しい。

3　青年期前期 （小学校高学年頃～中学生頃）

　この時期には、学級内の友人に加えて、学校内外のクラブ活動や習い事等を通して出会う人との関係も深まっていく。中学校に入学することによって先輩─後輩という上下関係が意識されるようになり、緊張をもたらすが、それゆえに同学年の友人との関係はそれを補償する形で親密になっていく。この時期には同性の親友（チャム：cham）との親密な友人関係が築かれ、その後の時期における異性との愛的な親密性を築いていく基盤となる[6]。保坂亨は、この時期に形成される親密でかつ排他的な同性の仲間集団をチャム・グループ（cham group）と呼んでいる[7]。チャム・グループとは、趣味や興味、関心を同じくすることから結びついたグループで、内面的な互いの類似性や共通性を重視し、類似性の確認による一体感を得ようとする点が特徴である。

　なお、成員の同質性を特徴とするチャム・グループや児童期後期のギャング・グループにおいては、仲間集団への同調圧力が極めて強く、しばしば同一であることを確認するためのゲーム的な仲間外しや短期間に順番に仲間外しをされるローテーション型のいじめが生じやすい。

4　青年期後期 （高校生頃～大学生頃）

　この時期には、アルバイトやボランティア等の経験を通してより広く異質な人と直接係わる経験をすることで生活世界はさらに広がる。自立と現実社会への参入を促す圧力に加え、これらの多様な人や事物との交流経験は、それまでの類似性や共通性を重視する姿勢からの脱却をもたらす。この時期には、ピア・グループ（peer group）と呼ばれる成員の異質性を特徴とするグループを形成するようになる[8]。ピア・グループは、ある程度独立した個人として外面的にも内面的にもお互いの異質性を認め合うという特徴があるため、男女混合や異年齢であるといった多様性を許容する。価値観や理想、将来の生き方等について語り合う関係であり、独立した個人としての自己を作り上げていくことに寄与する。

　以上のように、児童期から青年期にかけて友人関係は大きな深まり見せることが従来から指摘されている。その一方で、子どもを取り巻く社会環境の変化は、友人関係のあり方にも変化をもたらしている。例えば近年では、スマートフォン等の普及により、中学生頃には、メールや LINE、フェイスブックといったネットを通じたコミュニケーション・ツールが身近になっている。これにより、子どもたちの生活世界は対面での交流によるオフラインでの世界から、居住地域や世代をはるかに超えたネット上のオンラインの世界にも裾野を広げ、これまでになかった多様な人や事物との交流が生み出されている。その一方で、これらを用いた新たなタイプのいじめ（ネットいじめ）が生まれており、友人関係をより複雑にしている。また、悪意のある大人との接触によって犯罪の被害者となる事件も起こっており、新たな社会問題となっている。

4　友人関係の変化と人格的成長

　以上のような友人関係の変化の背景要因として、ここではすでに述べてきた子どもの生活世界の拡がりに加えて、親からの独立意識の芽生えを挙げたい。幼児期において、子どもは大人の支えのもとで同年代の子どもと一緒に遊んだり活動したりすることができるような友人関係を築き始める。児童期においては、そのような協同関係を基盤として、大人から独立した子どもの世界を作り始める。その過程で子どもは、児童期以降、様々な社会的欲求（ニード）を様々な対象に向けていく（図 5-2）[9)10)]。児童期の前半においては、仲間集団の一員としてその成員から受容されることを求めるようになる。児童期の後半からは、同性の友人との間に親密な関係を築くことを求める。そして青年期に入ると、異性に対する興味から性に関する欲求が高まる。これらは、幼児期における親に対するやさしや友好への欲求とは異なり、同年代の友人に向けられるものである。親に対する親密性欲求はどの年代においても維持されるが、児童期の後半からはその役割を友人が担う部分が増加する。

　児童期にはまだ個人として独立することはかなわないため、まずは集団として独立意識を満たす。児童期後期のギャング・グループは、親に依存しつつも独立心を満たすという一見矛盾をはらんだ関係性を保つ上で極めて重要な役割を担っているのである。この時期特有の友人への強い連帯感は、モデリング機能によって異なる生活背景に由来する新たなものの見方や態度、行動を子ども[11)]

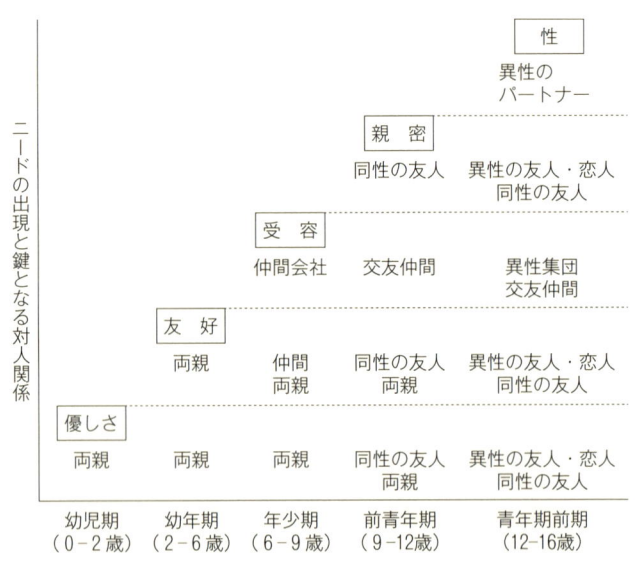

各発達段階に階段状に示した新しいニードが出現し、それらはニードの
真下にある対人関係によって満たされる。

**図5-2　社会的ニードの出現と鍵となる対人関係に関するモ
デル**

資料：Buhrmester, D. & Furman, W., The changing functions of friends in
childhood: A neo-sullivanian perspective. In V. J. Derlega, & B. A.
Winstead (Eds.), *Friendship and social interaction*, Springer-Verlag,
1986, pp. 41-62.
出典：上記の資料をもとに遠矢幸子（「友人関係の特性と展開」大坊郁夫・奥田秀
宇編『親密な対人関係の科学』誠信書房、1996年、89-116頁）が作成したも
のを転載。

　に取り入れさせる。仲間集団への強い帰属意識は、集団規範の理解や集団への
献身的態度のみならず、集団からはみ出さないための高度なスキルをも養成す
る。これらはすべて、「集団の一員としての自己」として生きることの喜びに
基づくものである。その喜びゆえに子どもたちは自己に備わるあらゆる力を総
動員し、時には周りの大人の力を借りながら子どもとしての本番を生きてい
る。その結果として、社会性や物事への認識が深まり、人格的成長を遂げてい
く。
　青年期になると、親からの心理的自立を迫られる中で、「現実社会の中で生
きる自己＝アイデンティティ」を形成すべく自己探求が試みられる。チャム・

グループやピア・グループにおける友人は同じ境遇にある戦友として心の支えであるとともに、比較対象として自己の鏡ともなってくれる存在であり、このような友人関係を通して、より社会に開かれた自己を形成していく。

おわりに

　昨今、人と係わることの苦手な子どもが増えているという指摘がある。それを社会環境の変化による人との係わり経験の減少によるものと考えたり、自閉症における「人の気持ちや場の空気が読めない」等の特定の発達障がい特性と関連付けて解釈したりすることが散見される。さらにその支援としてソーシャルスキル・トレーニング[12]などを用いることの有効性も指摘されている。このような理解や支援の在り方は的を射たものであるが、まずはこれまで述べてきたような現代の児童期・青年期における友人関係のあり方やその本来的な複雑さを、子どもの生きている文脈から理解することが重要であろう。すなわち、能力の獲得だけに腐心するのではなく、獲得した能力の意味やそれを使うことで新たに展開する子どもの世界から議論や介入を展開していく必要がある。

演習問題

1．自分の子ども時代の友人関係について思い出してみよう。
2．その友人関係は当時の自分にとってどんな意味があっただろうか。また現在の自分にとってどんな意味があるだろうか。考えてみよう。
3．上で思い出したこと、考えたことについて、小グループで意見交換してみよう。

注

1）小石寛文「学級の仲間関係」小石寛文編『児童期の人間関係』培風館、1995年、65-91頁。
2）田中熊次郎『新訂　児童集団心理学』明治図書出版、1975年。
3）バンデューラは、学習者が直接経験しなくとも、モデルとなる他者の行動を観察し模倣すること、すなわちモデリングによって行われる学習を観察学習と呼んだ。これにより子どもは教えられるなどの直接的な経験よりも他者からはるかに多くのことを学ぶことができ、これは広く社会的学習とも呼ばれる。詳しくは Bandura, A. *Psychological modeling: conflicting theories.* Aldine·Atherton. 1971（原野広太郎・福島脩美訳『モデリングの心理学——観察学習の理論と方法——』金子書房、1985年）を参照のこと。
4）岡本夏木『小学生になる前後』岩波書店、1995年。

5）Sullivan, H. S., *The interpersonal theory of psychiatry*. W. W. Norton & Company. 1953（中井久夫・宮崎隆吉・高木敬三・鑪幹八郎訳『精神医学は対人関係論である』みすず書房、1990年）。

6）同上。

7）保坂亨「児童期・思春期の発達」、下山晴彦編『教育心理学II――発達と臨床援助の心理学――』東京大学出版会、1998年、103-125頁。

8）同上。

9）Buhrmester, D., & Furman, W., The changing functions of friends in childhood: A neo-sullivanian perspective. In V. J. Derlega, & B. A. Winstead（Eds.）*Friendship and social interaction.* Springer-Verlag, 1986, pp. 41-62.

10）遠矢幸子「友人関係の特性と展開」大坊郁夫・奥田秀宇編『親密な対人関係の科学』誠信書房、1996年、89-116頁。

11）バンデューラ、前掲書。

12）渡辺弥生『ソーシャルスキル・トレーニング』日本文化科学社、1996年。

参 考 文 献

Erikson, E. H., *Identity and the life cycle*, W. W. Norton & Company, 1959（西平直・中島由恵訳『アイデンティティとライフサイクル』誠信書房、2011年）。

岡本夏木『児童心理』岩波書店、1991年。

小石寛文編『児童期の人間関係』培風館、1995年。

浜田寿美男『子ども学序説』岩波書店、2009年。

コラム2

▶スクールカウンセラーはいま

はじめに

　いじめ問題の深刻化や不登校の増加をうけ、子どもの心の問題の解決や、学校のカウンセリング体制の充実化を図るために、「心の専門家」として臨床心理士などがスクールカウンセラーとして学校に配置されるようになって20年になる。1995年度より154校から始まったスクールカウンセラー事業は、2015年現在、2万校を超える学校に配置されるまで拡充されてきた。スクールカウンセラーの名称が社会的に広く知られるようになり、また、学校教育においてスクールカウンセラーに求められる役割も広がってきている。そこで本コラムでは、スクールカウンセラーの活動の実際を紹介し、活動を通じて見えてくる今後の課題について述べる。

スクールカウンセラーの活動内容

　現在、スクールカウンセラーの活動内容は非常に多岐にわたっている。ここでまず、スクールカウンセラーの1日の活動の様子について、中学校での勤務をモデルにして紹介する。

　朝、職員室にて教職員の打ち合わせに参加し、今日1日の学校全体の動きを頭に入れる。学校に勤務しているスクールカウンセラーにとって、出勤当日のスケジュールだけでなく、月間予定、年間予定を把握しておくことは欠かせないことである。特に、行事、定期テスト、個別懇談などは、学校生活において非常に重要な取り組みであり、多かれ少なかれ子ども達の心身状態に影響を及ぼすものである。体育祭や文化祭、修学旅行などの大きな行事の際には、行事の成功に向けて子どもや教員の意識やエネルギーが集中するため、集団による高揚感が生まれる。定期テストや個別懇談などは成績や進路に直接結びつくため、校内に緊張感が漂う。子ども達は自分が属する生活集団の雰囲気の変化に敏感であり、心理的に様々な影響を受けながら生活している。子ども達がまさにリアルタイムで感じている学校の雰囲気を、スクールカウンセラーも一緒に感じながら子どもの心理状態を見立てていく必要がある。

　朝の教職員打ち合わせの後、カウンセリングの予約状況を確認し、午前の業務が始まる。まずは、スクールカウンセラーの出勤日に合わせて開かれる校内生徒指導連絡会に出席する。そこでは、1週間に起きた問題行動や不登校の子どもの様子などが報告され、即席でミニケースカンファレンスが開かれ、スクールカウンセラーの立場から助言などを行う。原則1週間に1日の勤務形態

であるスクールカウンセラーにとって、気になる子ども達の１週間の様子を共有できる連絡会に参加するメリットは大きい。何らかの支援や配慮を必要としている子ども達についての最新の情報が集約され、教師とは異なる専門家の立場から今後の見通しや手立てを考え、すぐさまそれを学年の教師や養護教諭、管理職と共有することができる。このように、子ども達の心理状態などについて、また、教員がどのように子ども達とかかわったらよいか、専門的な視点から助言を行うことをコンサルテーションといい、スクールカウンセラーに求められている大事な役割の１つである。生徒指導関係以外に、特別支援委員会や保健委員会などにもスクールカウンセラーの出席を要請されることがある。

　その後、子どもや保護者とのカウンセリングの合間をぬって、授業中の子ども達の様子を見に教室巡回をしたり、休み時間にグラウンドで子ども達と遊んだり、廊下で雑談をしたりして、子ども達の日常に触れ、日常の中で子ども達とコミュニケーションをとる。スクールカウンセラーと聞くと、相談室にこもって、学校に適応できない子どもや何か悩みを抱えている子どもとだけ関わっているというイメージを持たれがちだが、けっしてそうではない。子ども達の中には、困っていても自ら SOS を出せない子もいれば、見ず知らずの人に自分の内面を打ち明けることに抵抗を感じる子もいる。そのような場合、スクールカウンセラーが子ども達の日常場面に積極的に出て行くことで、スクールカウンセラーの「人となり」を子ども達が知る機会になり、困ったときに相談しやすくなることもある。また、子ども達の日常に入っていくことで、学校全体の雰囲気を肌で感じることができる。

　以上が、スクールカウンセラーの日常に見られる風景であるが、これらの活動と１対１の個別カウンセリングが、普段のスクールカウンセリングの一般的な活動内容である。

　また、その他にも、教職員対象の研修会や、生徒・保護者対象の講演会の講師依頼を受け、年に数回実施している。さらに、災害や事件、事故などの発生により学校が危機的な状態に陥った際には、子ども達や保護者、教員の心のケアのためにスクールカウンセラーが緊急支援として学校に派遣される。2011年に発生した東日本大震災では、全国各地から被災地の学校へスクールカウンセラーが派遣されている。

今後の課題

　上述してきたような、スクールカウンセラーの中学校での一般的な活動スタイルは、20年間の試行錯誤を経て徐々に確立されてきた。しかし、それと同時

に、学校現場で出会う子ども達やその家庭、あるいは学校の抱えている問題は非常に多様化してきている。例えば、児童虐待や貧困家庭の子どもの問題など社会福祉的な介入が必要なケースの増加や、暴力行為や非行などの問題行動の低年齢化などが挙げられる。これらの問題を抱えている子ども達の支援において、スクールカウンセラーがどのような形でコミットすることができるのかが現在の大きな課題の一つであるが、これらの課題への対応策として、小学校へのスクールカウンセラーの拡充配置が急速に進められてきている。今後、小学校においてスクールカウンセラーの果たす役割は非常に大きくなると思われるため、小学校での活動モデルの確立が迫られている。また、同じ校区内の小中学校を 1 人のスクールカウンセラーが担当する小中連携型配置が導入され始めており、様々な困難を抱えた子ども達や家庭を小中 9 年間という長いスパンで心理支援していくという取り組みがなされている。校内で活動するスクールカウンセラーには、「学校にとって最も身近な専門機関」として機能することが求められているが、福祉や医療などの学校外部の専門機関と連携する際には、橋渡し役であるコーディネーターとしての役割も担っていかなければならない。そのためには、福祉制度や医学的診断基準など、密接に関連する様々な領域についてもスクールカウンセラーは知識を身につけておく必要がある。

　また、学校現場においては、子ども達の心理状態について教職員に助言を行うだけではなく、教職員自身のメンタルヘルスについても、スクールカウンセラーは貢献していかなければならない。限られた教職員の数で、生徒指導や教材研究に追われ、さらには多くの校内分掌業務を担当し、今、教職員は非常に疲弊している。そして、心身ともに限界を超え、休職に追い込まれてしまう教職員も多い。そのような状況を改善するために、スクールカウンセラーはその専門性を活かし、管理職や養護教諭と連携しながら、教職員のストレスマネジメントや職場環境の改善などの役割を担っていく必要がある。

　冒頭で述べたように、スクールカウンセラー事業が始まり20年が経過した現在、スクールカウンセラーは学校教育現場に欠かせない存在になりつつある。近年では、週 5 日勤務の常勤型配置の試みも始まっており、スクールカウンセラーが今後さらに学校に根付いていくための過渡期にきているといえるであろう。

コラム3

▶非行問題とアサーション

少年による検挙数の推移

1997年に発生した神戸の連続児童殺傷事件、2000年に発生した佐賀バスジャック事件をはじめとして、少年による凶悪事件は社会の耳目を集め、少年非行の凶悪化が進んでいるような印象を受ける。実際のところ、未成年による犯罪行為がどれほど起こっているのか。「少年非行情勢」（警視庁生活安全局少年課　2014年1月〜12月）によると、凶悪犯罪を含めた少年の検挙数は明確な減少傾向にあり、直近10年の推移に注目すると、少年犯罪の検挙数は約60％も減少している（2005年は12万3715件、2014年は4万8361件）。しかし一方で、"振り込め詐欺" などの特殊詐欺に加担する少年の検挙数は、5年間で10倍に急増しているように依然予断を許さない状況である。こうした未成年者による犯罪行為については、これまでにもその原因や発生機序を検討した研究が行われている。

非行少年の個人特性と取り巻く環境

非行少年の個人特性としてあげられる反社会性や攻撃性といった資質は、将来的に非行の発生を予測する因子（危険因子）でもある。特に男子におけるそれらの資質は児童期・思春期を通じて暴力的非行に関連し、個人差も極めて大きいものである。こうした特性が高い場合、他者との葛藤場面では威圧的で攻撃的な自己表現を用いることが多くなる。これは「むかつく」「うざい」等の短絡的で大雑把な表現から、他者を傷つける言語的な攻撃行動を含む。また逆に、問題解決に向けて話し合ったり交渉することに対する苦手意識から、消極的で非主張的な自己表現を行うこともある。後者は現代の非行少年を理解する上で興味深い特徴でもあり、特性による攻撃的な少年像ばかりでなく、内気で臆病な少年像にも結びつく。非行少年の消極的で非主張的な態度は、自尊感情（自分自身への尊重や価値を評価する程度）の低さに関わるものである。非行の動機も仲間の誘いを断ることができず「嫌だったが嫌と言えなかった」、「仲間外れにされたくなかった」のように、非行グループに属していながらも周りに気を遣いながら怯える少年の姿が浮かぶ。実際に彼らの自尊感情は、同じ年齢・性別の一般少年と比較した場合にも相当低く、非行少年たちは自分自身のことを価値のある存在であり大切な存在であると感じられずに自信を持てないでいる。

その他に、学業成績を含む学校での取り組み方も非行に関わる。古くから低いIQ（知能指数）は非行少年や犯罪者の特性とされているが、非行少年の学業

成績は IQ 値から期待されるよりも相当低く、十分な学力が身についていないことが多い。その背景には個人特性だけでなく、親の支援や経済力に関わる教育的環境、学校での人間関係などが同時に関係する。学業不適応（学業に対して真剣に取り組む姿勢や学業成績が悪いこと）が深刻になると、自己評価も他者からの評価も下がることで、学校での居場所を見出すことが困難になる。さらに落第や停学処分が重なり、非行仲間と過ごす時間が増えることで加速度的に非行化する。非行仲間といっても、映画やコミックで見られるような連帯や忠誠に基づいた結束力の強いものとは言えない。少年らは自分だけが浮いてしまうのではないかと常に不安で、過剰なほどに仲間への配慮を行っている。"オヤジ狩り" などの凶悪な強盗事件であっても、目的のために集団で群れるというよりは、仲間の一員として自分の存在を認めてもらうために犯行に及ぶこともある。場当たり的な犯行は、計画性もなく被害者を脅すようなやり取りもないままに、攻撃対象に突然襲いかかり凄惨な事件に至ってしまう。こうした仲間関係の繋がりの弱さや、犯行の稚拙さは近年の非行少年の特徴でもある。

非行少年とアサーションスキル

　学校での取り組み方に加え、劣悪な家庭環境は非行の誘因でもある。環境面での充実が欠けると、備わるべき数々のコミュニケーションスキル（以下 CS とする）の獲得を困難にする。仲間からの悪い誘いを断ることができずに共犯者になってしまったり、言葉巧みに脅しをかけることなく突如殴りかかるような犯行も CS の不足が関係する。とはいえ、彼らを取り巻く環境の一体どこに、CS を学ぶ人間関係があっただろうか。モデルとなる親自身も CS が不足していたり、非行少年によっては被虐待経験を持つこともある。また、学校では学業適応や関係性の構築を果たすことができない。彼らは自分の居場所を見つけられず、非行グループの中で粗暴な言動や不良っぽさを誇示することで、どうにか他者との関係性を保とうとしている。しかし、集団で群れていても互いに信頼はなく、結びつきの弱い人間関係しか持たない彼らに、自分の気持ちや考えを率直に表現することは、仲間外れにされるリスクを高める。むしろ、彼らはそういった自己表現よりも攻撃的な自己表現の方が効果的で有効と考えている。そもそも、社会的に非難を受けやすく投げかけられる排除的な視線は彼らをより攻撃的にしてしまう。

　一般にアサーティブな自己表現（自分の気持ち、考え、信念などが正直に率直に、その場にふさわしい方法で表現されるもの）は円滑な対人関係を促進するものとされ、現在でも企業内研修や学校教育、市民講座などでアサーシォント

レーニングとして実践されている。非行少年の多くがトレーニングで扱われているようなアサーティブさが身についていない。これはそのアサーションスキルを獲得する機会がなかったり、攻撃的な方法や非主張的な方法が関係性の中で有効に機能したことで、アサーティブ以外の自己表現の方法が強化された可能性がある。誰にとっても自分の訴えを聞き入れられなかったり、感情表現を受け入れられない経験が続けば率直な自己表現は難しくなる。

　非行予防の観点から、深刻化する前に実践的なアサーションスキルを獲得することはできないのか。日本の矯正教育は、多種多様な教育プログラムが実践されており、少年たちの処遇を担当する法務教官の取り組みは、質が高く注目すべきとする報告が多い。ただ、矯正教育を受ける以前に、家庭や学校、地域などの取り巻く環境の中で、誰か1人でも彼らを支え承認する他者の存在があれば、アサーションスキルを得る契機になるのではないか。これは犯罪行為を未然に防ぐことにもつながるだろう。親、教師・級友、非行仲間などからの評価に敏感な少年らが、自分の気持ちや考えに気づき自分自身を表現するためには、他者から与えられる自己承認の経験を持つことが重要である。これによって、自分自身を大切に思うとともに、自己の内的基準によって自分を位置づけることができるようになる。裏付けられた自信と自分をもつことで、他者を尊重しながらも、自分の気持ちや考えを率直に表現するための力が養われると考える。

| 第6章 | 青少年の恋愛のプロセスと人間形成 |

はじめに

　身体が二次性徴を迎えるのと前後して、青年は異性や異性の身体に対して興味を抱き、異性と親密な関係（恋愛関係）を構築しようとするようになる。そして、実際に特定の異性と恋愛関係を構築していく青年も少なくないが、青年期の恋愛は失恋に終わりやすい[1]。しかし、例え失恋で終わったとしても、異性との恋愛を経験したことは、青年の人間形成に影響し、人間形成が進むことが、次の恋愛をより良いものにしていくのである。

　本章では、青年期の恋愛とはどのようなものなのかについて説明し、恋愛関係と人間形成との関連について、アイデンティティ理論から説明する。

1　青年期における恋愛様相モデル

　多くの青年にとって、恋愛は重大な関心事の1つであり、恋愛への憧れや、異性との交際を望む気持ちは、青年期によく経験されるものである。しかし、改めて、「恋愛とは何か」、「恋人とはどのような存在なのか」と問われると、答えるのは容易ではない。髙坂康雅・小塩真司は、恋人を「相手との同意のもとで親密な交際をしている、実際に接触・交流ができる異性」[2][3]と定義している。親子関係や友人関係とは異なり、恋愛関係では、関係を構築する上で、明確な意思確認が行われることが多い。しかし、夫婦関係のような社会的（法的）な関係ではないため、社会的な責任などがあるわけでもない。そのため、恋愛関係の構築や維持には、双方の意思や同意が重要であり、そのうえで行われる2人だけでのデートや旅行のような親密さを示す行動や、キスや性交のような性行動、デートDVのような不適切な行動などによって、その相手が"恋人"であるという確信が得られるのである。

　では、恋愛とはなんであろうか。そもそも、日本語における「恋」と「愛」とは類義語ではなく、対義語であり、「日本語の恋愛という言葉は恋と愛という矛盾、対立する要因が統合されたものであることを示している[4]」と指摘されている。端的に言えば、恋は相手を通して自分の欲求を満たすことに喜びを感じる状態であり、愛は自分の時間や労力を費やすことで相手が成長したり幸せになったりすることに喜びを感じる状態である。そして、恋愛とは、恋の状態と愛の状態が渾然一体となった状態であり、時には自分の欲求を満たすために相手を利用し、時には相手のために自分の時間も労力も惜しまず提供できるように、恋と愛の間を揺れ動いている状態であるともいえる。このように、特に青年心理学では、恋の状態と愛の状態とを一次元上の対立する両極に位置するものであるとする「恋と愛の二元的一元性（統一性）[5]」という考え方が採られており、恋の特徴や愛の特徴に関する論究も多くなされてきた。

　高坂康雅は、これまでの論究をまとめ、恋には相対性、所有性、埋没性という３つの特徴があり、愛には絶対性、開放性、飛躍性という３つの特徴があるとしている[6]。恋の特徴である相対性とは、相手を他の人と比較したり、自身の条件に合致したりしているかで評価することであり、所有性は、相手を物理的・時間的・心理的に占有し、相手の精神的なエネルギーを常に自分に向けたままにさせようとすることであり、埋没性は、生活や意識の中心が相手や相手との関係になり、相手や相手との関係以外の物事に対する関心や意欲が低下することを、意味している。一方、愛の特徴である絶対性は、他者との比較を超えて、相手の欠点や短所も含めて、相手の存在そのものを受容し、認めることであり、開放性は、相手の幸せや成長のために自身の精神的なエネルギーを与えることであり、飛躍性は、相手や相手との関係を基盤として、それら以外のものにより一層興味や関心が増し、挑戦や努力をすることを、意味している。さらに高坂康雅は、恋は、相対性、所有性、埋没性の３点による三角形で、愛は、絶対性、開放性、飛躍性の３点による三角形で、それぞれ表され、相対性と絶対性、所有性と開放性、埋没性と飛躍性を、それぞれ対極とした３つの次元を構成し、全体として、三角柱の形状をなす恋愛様相モデル（図6-1参照）を提唱している[7]。恋愛様相モデルでは、片想いを含め恋愛関係の初期では、相対性、所有性、埋没性という恋の特徴が強く現れる。徐々に関係が親密になっていくなかで、相対性よりも絶対性が、所有性よりも開放性が、埋没性よりも飛躍性がより現れてくることが想定されている。実際、高坂康雅・小塩真司が恋

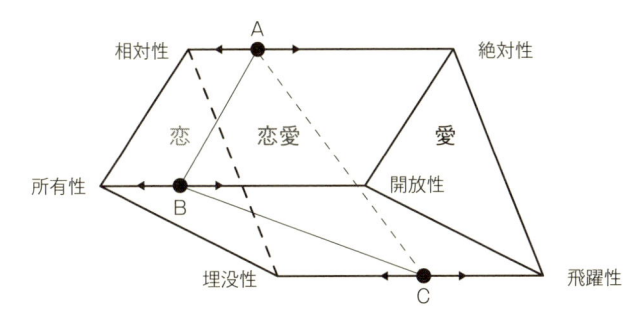

図6-1　青年期における恋愛様相モデル

出典：髙坂康雅「青年期における恋愛様相モデルの構築」『和光大学現代人間学
部紀要』4巻、2011年、79–89頁。

愛様相モデルを実証的に検討するため作成した恋愛様相尺度（Scale of Immature/
Mature Love; SIML）では、相対性―絶対性、所有性―開放性、埋没性―飛躍性
のいずれもが恋愛関係満足度や結婚願望と正の相関を示している[8]。

　このように、青年期の恋愛は、恋の状態から愛の状態に向かっていくことが
想定されているが、冒頭にも述べたように、青年期の恋愛の多くが失恋で終わ
ることを考慮すると、恋の状態から愛の状態に移行する過程で、停滞や逆戻り
（恋の状態に向かう）などが生じていると推測される。恋から恋愛になり、愛に
至るのは、容易なことではないのである。

2　青年期の恋愛関係とアイデンティティ形成

　青年期の恋愛関係は、恋の状態からはじまり、愛の状態に向かっていくが、
その移行に影響を及ぼしているものとして、アイデンティティ形成がある。ア
イデンティティの感覚とは、「内的な不変性と連続性を維持する各個人の能力
（心理学的意味での個人の自我）が他者に対する自己の意味の不変性と連続性とに
合致する経験から生じる自信」であるとされている[9]。簡単にいえば、自分が捉
えている自分と（重要な）他者が捉えている自分がある程度合致していること
によって得られる自信のことである。「僕はすばらしい教師だ」と自分で捉え
ていて、生徒やその保護者、あるいは同僚の教師からも「彼はすばらしい教師
だ」と捉えられていれば、自信をもつことができ、それがアイデンティティの
感覚であるといえる。

　しかし、青年期は、自分というものが揺らぎ、アイデンティティを模索する
モラトリアムの時期である。いわば自信を失いやすい時期であり、そのような
心理的に不安定な状態にある自分を守り、補強するために、青年は恋愛を利用
するとされている。大野　久は、このような状態にある青年の恋愛を「アイデ
ンティティのための恋愛[10]」と呼んでいる。「アイデンティティのための恋愛」
には、① 相手からの賞賛、賛美を求めたい、② 相手からの評価が気になる、
③ しばらくすると、呑み込まれる不安を感じる、④ 相手の挙動に目が離せな
くなる、⑤ 結果として多くの場合交際が長続きしない、という 5 つの特徴が
指摘されており、「「自分は愛されたい、でも、相手に愛のエネルギーを使う余
裕はない」という状況である[11]」青年が陥りやすい恋愛であるとしている（表6-
1 参照）。

　青年は自分のアイデンティティ形成に向けた活動を十分に行うだけのエネル
ギーが常に不足している状態である。そのため、恋人から賞賛・賛美された
り、よい評価を受けたりすることによって、恋人からエネルギーをもらってい
る。しかし、恋人も同年代であれば、恋人の方もやはりエネルギーが足りない
ため、相手からエネルギーをもらおうとする。互いに不足しているエネルギー
をやりとりするため、いかに自分のエネルギーを与えずに、相手からエネル
ギーを奪い取るかに集中するようになる。つまり青年期の恋愛とは「エネル
ギーの奪い合い」なのであり、その過程で、疲労感を抱いたり、せっかく得た
エネルギーの供給源を失いたくないため、束縛やストーキング、デート DV な
どの不適切な行動が生じ、その結果、青年期の恋愛は長続きせず、失恋に終わ
りやすいのである。

　一方、アイデンティティが形成された成人期初期では、このような「エネル
ギーの奪い合い」は生じない。エリクソン（Erikson, E. H.）も「適切なアイデン
ティティの感覚が確立されて初めて、異性との本当の親密さが（正確には、あら
ゆる他人との親密さ、さらには自分自身との親密さが）可能になる[12]」と述べている。
アイデンティティが形成されるということは、自分の活動に必要なエネルギー
は自分で賄うことができる状態であることを意味するため、わざわざ恋人から
エネルギーを奪う必要はないのである。むしろ、自分の余ったエネルギーを相
手に与える余裕も生まれ、双方にエネルギーの余裕ができれば、子どもを生み
育てることにエネルギーを使うことができるようになるのである（図6-2 参照）。

　では、青年期の恋愛は意味がないのかというとそういうわけではない。自分

表6-1　アイデンティティのための恋愛の特徴

特徴	説明	具体例
① 相手からの賛美・賞賛を求めたい	自分のアイデンティティに自信がもてない青年は、相手からの賞賛を自分のアイデンティティのより所にしている。そのため、相手から賞賛し続けてもらわないと自分の心理的基盤が危うくなり、よって、相手からの評価も気になる。	「会うたびに「私のこと好き？　私はあなたが好き」、「俺のこと好き？　俺はおまえのこと好きだ」なんていっていました。」
② 相手からの評価が気になる		「電話でもデートをしても、いつも私に「俺のこと好き？」とか「どこが好き？」と、私が彼のことを好きかどうか確認するのです。」
③ しばらくすると、呑み込まれる不安を感じる	自分自身にある程度の自信がもてない状況で、人と仲良くなろうとすると、相手が自分の心のなかに必要以上に入り込んでくる、もしくは、相手に取り込まれ、自分がだんだんなくなるように感じ、息苦しいような感じさえする。	「一緒にいても、私が私でないような、仮面をかぶっているような状態。会話というものができず、のみ込まれるような不安、沈黙、緊張……」
④ 相手の挙動に目が離せなくなる	相手から嫌われることは、単なる恋人を失うことにとどまらず、それまでの自身の基盤が揺さぶられる経験となり、大きな不安と混乱の原因となる。	「つき合い始めた頃は、二人ともお互い細かいところまで決めて、規制しあうことに一生懸命でした。なるべく自分たち以外の人とは接触しないように、自分以外に興味がいくことを恐れていたのだと思うんです。」
⑤ 結果として、交際が長続きしない	「アイデンティティのための恋愛」をしている青年の関心は自分自身にあり、本当の意味で相手を愛しているわけではない。そのため、相手を幸福な状態にしようという努力や気配りをすることも難しい。	「社会人と学生になってしまい、(中略) 会うこと話すことが少なくなってくるといろいろなことが不安になり始めました。(中略) あまり、みっともない私を見せたくなかったという理由で、私からなんとなく別れることをにおわせてみました。すると、「きらいになったんじゃなくて、重たくなったんだ」と言われました。」

出典：大野久「青年期の自己意識と生き方」、落合良行・楠見隆編『講座生涯発達心理学 4 自己への問い直し：青年期』1995年、金子書房、89-123頁。大野久「青年期の恋愛の発達」、大野編『シリーズ生涯発達心理学④　エピソードでつかむ 青年心理学』2010年、ミネルヴァ書房、77-105頁を基に作成。

のエネルギーが不足している時に、恋人からエネルギーをもらうことで、就職活動や資格取得、部活の試合などアイデンティティ形成に関わる活動に向かう一押しとなる。そこで成功体験を得ると、その活動に費やしたエネルギーは何倍にもなって返ってくる。次は、そこで得たエネルギーを恋人に与えること

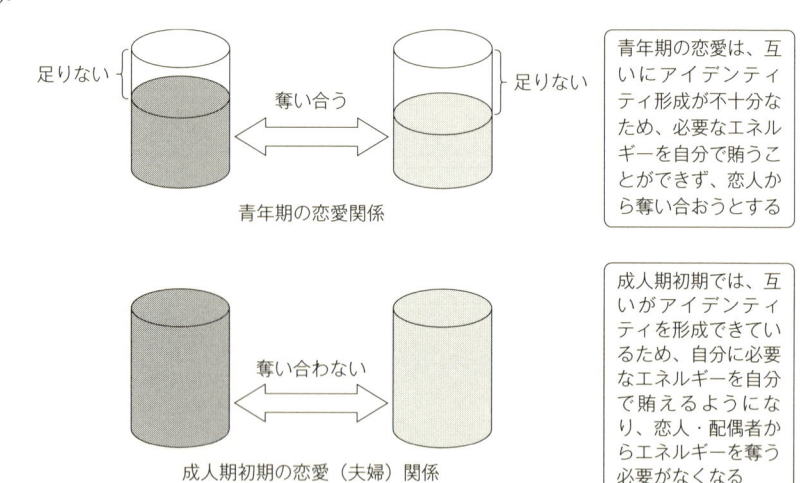

足りない　奪い合う　足りない

青年期の恋愛関係

青年期の恋愛は、互いにアイデンティティ形成が不十分なため、必要なエネルギーを自分で賄うことができず、恋人から奪い合おうとする

奪い合わない

成人期初期の恋愛（夫婦）関係

成人期初期では、互いがアイデンティティを形成できているため、自分に必要なエネルギーを自分で賄えるようになり、恋人・配偶者からエネルギーを奪う必要がなくなる

図6-2　青年期の恋愛関係と成人期初期の恋愛（夫婦）関係

で、恋人がアイデンティティ形成に関わる活動ができるようになるのである。つまり、恋愛関係という2者関係に留まるのではなく、その2者関係を基盤として、外に向かって活動していくことが、アイデンティティ形成にも、恋愛関係の維持にも有効なのである。そして、このエネルギーの受け渡しが、愛の特徴の1つである「開放性」へとつながっていくのである。

　また、青年期の恋愛関係が失恋で終わったとしても、その恋愛は無意味であるわけではない。北原香緒里・松島公望・高木秀明は、女性において、恋人がいる者の方がいない者よりもアイデンティティの程度が高く、また、交際経験が多いほど、アイデンティティの程度が高いことを示している[13]。また、高坂康雅はアイデンティティの感覚は、失恋を経験しても低下しないことを明らかにしている[14]。これらの結果から、青年は恋愛関係をもつと、恋人からの補強によってアイデンティティの感覚が高まり、しかも、その高まった感覚は、たとえ恋愛関係が崩壊したとしても、低下することなく維持され、新たな恋愛関係をもつと、アイデンティティの感覚はさらに高まるといえるのである。

　もちろん恋愛関係をもつことなしにアイデンティティ形成を行う青年も少なくない。しかし、恋愛関係をもったならば、自分のアイデンティティを形成するためにその関係を適切に利用すべきであり、そうすることが翻って、相手のアイデンティティ形成や恋愛関係の維持・発展に有効なのである。

お わ り に

　これまで恋愛関係については社会心理学において活発に研究が進められており、恋愛関係とアイデンティティ形成との関連のような発達心理学・青年心理学的な議論や実証的な研究が十分に行われているとは言い難い。しかし、多くの青年が恋愛に興味をもち、また恋愛関係を構築していくなか、そのような関係が青年の発達にどのような意味をもっているのか、また青年のアイデンティティ形成が行われることにより、恋愛関係は質的にどのように変化していくのかを明らかにしていくことは、デートDVやストーカーなどの不適切な行動や失恋からの立ち直りなどの支援を考えていく上でも重要な課題である。

　今後、この領域に関する研究が発展し、青年が自分の恋愛を振り返る際に有益な知見が蓄積されていくことが期待される。

演習問題

1．自分のこれまでの恋愛や現在の恋愛が、今の自分にどのような影響を与えているか考えてみよう。
2．恋愛に対するイメージや恋愛観について友人と話し合ってみよう。
3．デートDVやストーカー、浮気などの不適切な恋愛行動をしてしまう理由を自我発達（アイデンティティ形成）の観点から考えてみよう。

注
1）宮下一博・臼井永和・内藤みゆき「失恋経験が青年に及ぼす影響」『千葉大学教育学部研究紀要　第1部』39巻、1991年、117-126頁。
2）髙坂康雅・小塩真司「恋愛様相尺度の作成と信頼性・妥当性の検討」『発達心理学研究』26巻、2015年、225-236頁。
3）同性間の恋愛関係も存在するが、これまでの恋愛研究では異性間の恋愛関係を暗黙の前提としてきたため、日本国内外を問わず、同性間の恋愛関係に関する論究や実証的研究が少ない。そのため、同性間の恋愛関係に関する一般的な知見を論じることができないため、本章でも髙坂康雅・小塩真司に従い、特別な断りがない限り、異性間の恋愛関係について論じることとする。
4）返田健「青年期の友情と恋愛」、寺田晃・岡堂哲雄監修、落合良行編『思春期・青年期メンタルヘルス・エッセンス　こころの彷徨』日本文化科学社、1998年、79-100頁。
5）西平直喜『青年の世界3　友情・恋愛の探究』大日本図書、1981年。

6）髙坂康雅「青年期における恋愛様相モデルの構築」『和光大学現代人間学部紀要』第4号、2011年、79-89頁。

7）同上。

8）髙坂・小塩前掲書。

9）エリクソン, E. H.（西平直・中島由恵訳）『アイデンティティとライフサイクル』誠信書房、2011年（Erikson, E. H. *Identity and life Cycle,* International University Press, 1959）。

10）大野久「青年期の自己意識と生き方」、落合良行・楠見隆編『講座生涯発達心理学 4 自己への問い直し：青年期』金子書房、1995年、89-123頁。

11）大野久「人を恋するということ」、佐藤有耕編『高校生の心理——① 広がる世界——』大日本図書、1999年、70-95頁。

12）エリクソン前掲書。

13）北原香緒里・松島公望・高木秀明「恋愛関係が大学生のアイデンティティ発達に及ぼす影響」『横浜国立大学教育人間科学部紀要 Ⅰ 教育科学』第10集、2008年、91-114頁。

14）髙坂康雅「大学生の恋愛関係の継続／終了によるアイデンティティの変化」『青年心理学研究』第26巻、2014年、47-53頁。

参 考 文 献

牛窪恵『恋愛しない若者たち コンビニ化する性とコスパ化する結婚』ディスカヴァー・トゥエンティワン、2015年。

大野久編『エピソードでつかむ 青年心理学』ミネルヴァ書房、2010年。

大坊郁夫・谷口泰富編『クローズアップ「恋愛」（現代社会と応用心理学 2）』福村出版、2013年。

コラム4
▶日本の性教育と若者のキャリア育成

　本コラムでは、性教育について考えてみよう。そのための手がかりとして、あなたに質問を1つしてみる。その問いの答えを、未来の若者を育成する機会に役立てて欲しい。

性は教育するべきことなのか？

　この問いは、非常に難しい。だからこそ、答えてみてほしい。あなたが日本文化の担い手として次世代に歴史を繋いでいく若者であるのならばなおさらのこと、この問いに答えられるような人になってほしい。なぜなら、あなたは過去に性教育をうけてきた「誰か」であり、未来の性教育を担っていく「誰か」であるのだから。この問いの答えを、下記の3つをヒントに、あなたと一緒に考えてみたい。

　ヒント（1）：子どものリアリティを生きてみよう

　中学や高校で外部講師として性教育の講演をすると、様々な反応が返ってくる。「ストレートに説明してくれてわかりやすかった」と肯定的に捉えてくれる子どもがいれば、「こういう話はあまり聞きたくない」と抵抗感を示す子どももいる。つまり、子ども達は性に関して、それぞれの異なった経験に基づく様々なイメージを持っている。

　こうした子ども達の「性のリアリティ」を知るために、以下のコメントを見て欲しい。これは関東圏内のA高校1年生を対象とした性教育の講演中、ネット上のアンケート集計フォームを利用し、「悩みがあれば匿名で書き込んでみて」と筆者が問いかけ、生徒達がその場で携帯電話から投稿した結果の一部である。

　　・「童貞は嫌です」
　　・「そもそも彼氏ができません。それも青春ですか＾＾」
　　・「女が信用できない」

　生徒達の回答は、「性交経験がないこと」「彼氏・彼女が出来ないこと」といった具体的な性の悩みに集中した。これが悩みであるということは、逆にいえば、性交経験があること、彼氏・彼女がいることを、この時期に越えなければならない「発達課題」として捉えている生徒がいるということだろう。これらが発達課題化するということは、自らを、性をもった存在（sexual being）として捉えているということに他ならない。性的存在として生きる、という性

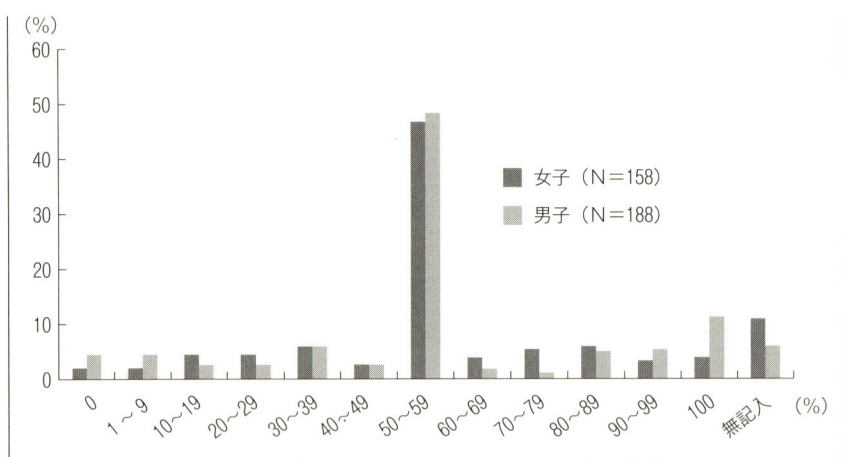

図1　現在あるいは未来のパートナーとセックスをする確率（高校1年生）

の実践（practice of sexuality）をリアリティとして受け止めている。子ども達の捉えるリアリティは、教科書の上の科学的・生物学的なことというよりも、性の実践そのものなのだ。

　ヒント（2）：リアリティを外からみてみよう

　今度は子ども達のリアリティを外側からながめてみよう。上の図1は、関東圏内B高校1年生に「現在、あるいは未来のパートナーとセックスをする確率はどのくらいだと思うか？」と質問した際の回答である。約300名の生徒のうち、ほとんどの生徒が約50％と回答した。

　上記のように回答した理由を、生徒達は「未来はわからないから」「将来は子どもが欲しいから」などと記述した。高校生の性交経験率が減少傾向にあることや、先に示した「童貞は嫌」「彼氏ができない」といった悩みの投稿から推察すると、ほとんどの高校1年生にとって、学校でまなぶ科学的知識を活用し、実践する機会は未来のことである可能性が高い。もちろんそのような子ども達ばかりではなく、すでに恋愛経験や性交経験のある子ども達もいる。その中には、リスクの高い性行動を行っていて、適切に行動変容を促す必要のある子ども達もいるだろう。子ども達が生きる性のリアリティには幅があり、こうした多様な性を生きる子ども達に、それぞれの未来をどのように伝えるべきなのか、そのことについて十分に検討する必要がある。

　子ども達のリアリティからさらに俯瞰して、教え手である大人達のリアリティがみえるところまでズームアウトしてみよう。大人も子どもと同様に、性

的存在として性のリアリティを生きており、大人同士のリアリティにも幅がある。教え手の解釈や理解の幅は、教科を教える上では問題となっても、性教育では、むしろ資源となる。多様な性を尊重することがいたって自然な教科だ。言い換えると、こうした大人同士の幅や、子ども達との距離が顕在化しやすい。それだけではない。私達大人が経験した事のない世界を経験した事のある子どもが目の前にいる可能性だってある。それも尊重すべき個人のあり方だ。だから性のリアリティを外側からみてみると、子ども同士に幅があり、大人同士にも幅があり、それらの間に距離はあるが、それぞれの位置に優越はないことに否応なしに気付くだろう。

　ヒント（3）：2つのリアリティを編み直そう

　最後に、性教育を行う前提に立ち返ってみよう。そのことで、性教育とは誰の為で、どんな実践であるのかを考えてみたい。

　そもそも大人達は、自分たちのリアリティの正統性を押し付けることを目的として性教育を行っているわけではない。目の前の子ども達1人1人の健康や安全を願い、子ども達が性に関する自己決定ができるように支えようという思いで行っている。こうした思いから行われる性教育の実践を、一方的な教え込みとしての「教育」として捉えるのではなく、子どもと大人が一緒に発達していく機会だと捉え直してみてはどうだろう。子ども達にどんな科学的・生物学的知識を教えるのか、どのようにリアリティに向き合わせるのか、教え手のどんなリアリティから子ども達のどんなリアリティに働きかけるのか。そうした対話を積み上げていくとき、性教育は、その場に生きる子どもと、あなたとの弁証法的やりとり（dialectical interaction）によってその場で創られていく。時には、あなたにとって未経験のリアリティを突きつけられたり、あなたの自己の性の在り方について問われたりすることがあるだろう。この場で、あなただけ部外者でいることはできない。つまり性教育は、一方的に科学的知識や日常のリアリティを教え込む行為ではなく、私達自身が自己の在り方や性に対する価値観を問われる機会でもあり、教え手と子ども達との共同作業（co-creation[2)]）であるといえる。それは、2つのリアリティを一度ほぐしてまた1つに編み込んでいく作業だ。そうしたやりとりの中で、子どもの成長を支える側面と、私達大人が自覚的に発達しなければならない側面が浮き彫りになるのかもしれない。性教育とは何かと問われたら、「子ども達だけではなく、教え手の私達大人が発達する絶好の機会だ」という視点で性教育を捉え、そこを始発点としてみたい。

未来の性教育を担うあなたへ

　冒頭で示した問いを、もう１度思い出してみよう。性は、教育するべきことなのか。この問いに答えるために、まずは子ども達のリアリティを生きてみよう。そこからズームアウトして、私達のリアリティを俯瞰し、それぞれのリアリティを子ども達と編み直してみよう。きっとあなたは気付くに違いない。性教育は、子ども達と一緒に発達する最高のチャンスなのだ。

注

1）日本性教育協会編『若者の性白書——第７回青少年の性行動全国調査報告——』小学館、2013年。

2）有元典文「教育の再定義——学校的でないものを学校に持ち込む——」『日本認知科学会大会発表論文集』日本認知科学会、2015年、750–751頁。

第7章 女性の社会進出とジェンダー意識の現状

はじめに

　1985年の「雇用の分野における男女の均等な機会及び待遇の確保等女子労働者の福祉の増進に関する法律」、いわゆる均等法成立以降、女性の社会進出は一定程度促進されてきたといえよう。例えば、女性の活躍促進支援策に伴った様々な分野における優秀な女性の登用や結婚・出産を経て就業を継続するための環境整備も実施されつつある。しかし一方で、諸外国と比較すると日本の女性の社会進出はあまり進んでいない。その背景には、従来からのジェンダー意識、すなわち「男は仕事、女は家庭」といった性別役割分業意識が要因として挙げられる。少子高齢化が進み、労働力人口が減少していく日本において、女性の社会進出が益々期待されているなか、それらの背景にはどのような問題があるのか明確にしていくことが求められる。そこで本章では、女性の社会進出に関わるこれまでの施策と動向を概観し、ジェンダー意識の視点から今後の女性の社会進出について何が課題となっているか論じていきたい。

1　女性の社会進出に関わる施策と動向

　総務省の「労働力調査」（2013年）によれば、女性（15歳〜64歳）の就業状況は62.5％であり、この数字は1968年以降更新し続けている[1]。これまで日本の女性の就業状況は20代後半から30代にかけて労働力率が減少する「M字カーブ」を描くということで知られていた。しかし昨今、この形態は見られるものの、M字の谷の部分の落ち込み具合が減少しつつある。もちろん、「働く女性が増え年代によってM字型の底の部分は多少浅くなったけれども、先進諸外国のようにM字型から台形型へと変化したわけではない[2]」と指摘されるように、未だM字カーブの現存は肯定されてはいるが未婚・晩婚化、結婚・出産年齢

の変化、結婚・出産に伴う退職動向の変化、雇用形態の変化等の様々な要因により女性が就業をストップしない状況が増えてきたことが窺える。

女性の社会進出を後押しする流れは、女性差別撤廃条約締結を契機とした均等法に端を発する。均等法は、雇用平等に関する社会一般の意識を大きく変えたという積極的な評価がなされる一方で、「男性は総合職」「女性は一般職」という性別分業構造を生み出すものであった。さらに、女子保護規定が緩和されたことからもたらされた女性の男性並みの労働状況は、必ずしもすべての女性の社会進出を促すものではなかった。すなわち、業績を上げ管理職へと昇進する女性も増加し1990年代には男女の賃金格差も一定程度縮小したものの、そうした女性たちは家事・育児との両立のために大きな負担と過酷な選択を迫られたのである。[3) その後、均等法や「育児休業等育児または家族介護を行う労働者の福祉に関する法律」といった関連法は改正を重ねられ女性の就業を促すという取り組みは続々と進められていくこととなる。

このようななか、1991年の「西暦2000年に向けて男女共同参画型社会をめざす——新国内行動計画（第1次改定）——」において、初めて「男女共同参画社会」という言葉が使用されて以降、1994年には「男女共同参画ビジョン——21世紀の新たな価値の創造——」（以下、ビジョンと記）が策定された。ビジョンでは、男女共同参画社会を「男女が社会の対等な構成員として、自らの意思によって社会のあらゆる分野における活動に参画する機会が確保され、もって男女が均等に政治的、経済的、社会的及び文化的利益を享受することができ、且つ共に責任を担うべき社会」とし、そこでは「女性と男性が社会的・文化的に形成された性別（ジェンダー）に縛られず、各人の個性に基づいて共同参画する社会の実現」が求められていた。ここに初めて性別ではなく、個性を尊重する社会を目指すことが明示されたのである。そして、1999年に公布・施行された「男女共同参画社会基本法」では、男女共同参画社会を実現するために、「男女の人権の尊重」、「社会における制度又は慣行についての配慮」、「政策等の立案及び決定への共同参画」、「家庭生活における活動と他の活動の両立」、「国際的協調」が基本理念として掲げられ、その流れを受け小・中等学校教育における男女共同名簿や中高における家庭科男女共修制度等が導入され始めた。男女共同参画への取り組みは、これまでの女性の継続就業を促すという視点だけでなく、男女を問わずすべての人々が自分の意思で社会的活動に参画し、政治的、経済的、社会的、文化的利益を享受することを目指したものであったという点

で一歩進んだものであった。しかし、2010年の第 3 次男女共同参画基本計画において「10年余りを経過した現在もなお大きな課題となっている」と明記され、各国における男女格差を測る指数である「ジェンダー・ギャップ指数[4]」においても日本は142カ国中、104位（2014年）という低位置を示すなど男女の平等は未だ道半ばとなっている。その後、2013年には首相官邸より「我が国最大の潜在力である女性の労働参加の拡大」が成長戦略として掲げられ、2015年 8 月には女性登用に関する数値目標の設定と公表を企業や国、地方自治体に義務づける「女性の職業生活における活躍の推進に関する法律（女性活躍推進法）」が制定された。この法律では、自らの意思によって職業生活を営み、又は営もうとする女性の個性と能力が十分に発揮されることが一層重要であり、女性の職業生活における活躍を推進し、豊かで活力ある社会の実現を図ることが目的とされている。また、ダイバーシティーマネジメント[5]を目指し、2016年 4 月には女性の活躍状況を把握し、行動計画を策定していくことを企業に求めるといった、女性の就業を後押しする施策が今まさに進みつつある。

2　女性の社会進出を阻むジェンダー意識

　女性の社会進出を阻む要因の 1 つとして、「男は仕事、女は家庭」といったジェンダー意識がある。ここでは、日本のジェンダー意識の現状を大まかに見ていきたい。

　内閣府による「女性の活躍推進に関する世論調査」（2014年）によると、「夫は外で働き、妻は家庭を守るべきである」という問いに対して、「反対」（「どちらかといえば反対」を含む）が49.4％であり、「賛成」（「どちらかといえば賛成」を含む）の44.6％を僅かに上回っている（図7－1参照）。これまでの調査結果と比較すると、年々「反対」の割合が増加している傾向にあり、徐々にジェンダー意識に変化が見られるものの、依然として伝統的な意識も根強く存在していることが窺える。また、賛成する理由として「妻が家庭を守った方が子どもの成長に良いと思うから」という回答が59.4％、「家事・育児・介護と両立しながら、妻が働き続けることは大変だと思うから」という回答が37.3％[6]となっており、妻が子育てや介護を含む家事全般を引き受けている、あるいは引き受けたほうがよい、という意識も垣間見える結果となっている。女性が育児・家事等を引き受けている背景にある要因には、男性労働者の働きすぎが挙げられる。

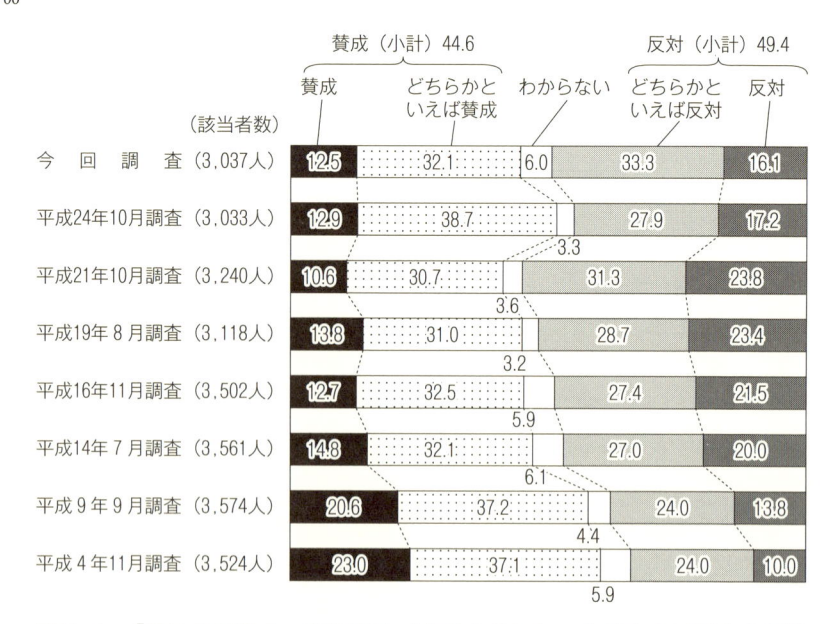

図7-1 「男は外で働き、妻は守るべきである」という考え方に関する意識
調査

出典：内閣府官房政府広報室「女性の活躍推進に関する世論調査」2014年8月。

特に、育児の負担が増加する30歳代の男性をみると、長時間労働者の割合が最
も高く、この年代のパートナーを持つ女性にとっては家庭内の負担を減らすこ
とができず家庭内労働と就業の両立が困難になることは容易に想像できる。実
際、女性の就業率が上昇している現在にあってもその多くは「家庭の事情（家
事・育児・介護等）や他の活動（趣味・学習等）と両立しやすいから」「家計の補
助、学費等を得たいから」といった理由で非正規労働に従事しており、男性の
働き方と著しい違いが見られる。また、女性の社会進出を進める上での障がい
について尋ねた前出の調査においても、「保育・介護・家事などにおける夫な
どの家族の支援が十分ではないこと」が50.1％、「保育・介護の支援などの公
的サービスが十分ではないこと」が、42.3％となっており、家族による支援と
公的支援が女性の社会進出に大きく関わっていることがわかる。しかしなが
ら、男性側もこのような現状をよしとしているわけではないようである。内閣
府の「男性にとっての男女共同参画に関する意識調査」（2012年）によれば、労

働時間が長くなればなるほど、仕事をやめたいと思うことが「よくあった」という傾向が明らかになっている。また34.6％の男性が育児休業制度や短時間勤務制度といった両立支援制度を利用したいと答えているものの、実際の育児休業取得率はわずか2.30％（2014年度）である。つまり男性が家事・育児よりも仕事を優先せざる得ない現状にあることが示唆されている。

3　女性の社会進出に向けての課題

　では、女性の社会進出を促進させていくためには何が課題となっているだろうか。以下、2点指摘したい。1点目は、男性が家事・育児に参加しやすい仕組みづくりの強化である。これまでにも男性の育児への参加を促進させるためには様々な方策がとられてきた。例えば、2002年の「少子化対策プラスワン」において、初めて男性を含めた働きかたの見直しが打ち出され、2003年の「次世代育成支援対策推進法」では男性の育休取得率の目標を10％にするという働き方の見直しが盛り込まれた。また2007年には「仕事と生活の調和（ワーク・ライフ・バランス）憲章」、及び「仕事と生活の調和推進のための行動指針」が策定され、性や年齢などにかかわらず自らの意欲と能力を持って様々な働き方や生き方に挑戦できる社会を目指して男性の育児や介護への関わりが重要視された。その後、2009年の「育児休業、介護休業等育児又は家族介護を行う労働者の福祉に関する法律及び雇用保険法の一部を改正する法律」では男性の育児休業取得を促進するため「パパママ育休プラス」制度も導入されている。しかし先述したように家事・育児に参加しようとする男性の希望はあるにも関わらず実施が難しいという状況がある。企業における男性の育児休業を後押しする「イクメンプロジェクト」の取り組みも実施され、ノルウェーやスウェーデンなどで導入されている一定の育休期間を父親に割り当てる「パパ・クオータ制度」も提言されつつある。絵空事に終わることなく望む人が利用可能な仕組みづくりを今後さらに検討していくことが望まれる。

　2点目はジェンダー教育の拡充である。現状においても男女共同参画を推進し多様な選択を可能にする教育・学習の充実が図られているところである。具体的には、男女共同参画についての理解を深めるため、学校、家庭、地域、職場など社会のあらゆる分野において、相互の連携を図りつつ男女平等を推進する教育・学習の充実を図ることが目指されている。この取り組みは大学及び、

大学院への女子学生の進学率の上昇や女性教員数の増加をもたらすといった効果を示している一方で、その重要度は低く、現場担当者に委ねられた内容は、極めて曖昧であるといった指摘や[10]、旧態依然とした「良妻賢母教育」や趣味講座的な教育が実施されているだけであるといった批判がある[11]。男女共同参画社会の推進のためには、男女の人権尊重という本来の目的やその意義について再認識し、どのような教育を実施していくか、その方法や内容を今後さらに検討していくことが求められる。

お わ り に

これまで女性の社会進出はしばしば労働力確保の観点から議論されてきた。しかし、性別や家庭の事情に関わらず、誰もがその個性や能力を発揮できるような社会づくりが今後益々求められよう。女性の社会進出が労働力の確保のためだけでなく1人1人の希望に沿ったものとなるような取り組みの推進が求められる。今後の動向を見守りたい。

演習問題

1．これまでの女性の社会進出に関わる政策動向について整理してみよう。
2．性別役割分業意識に代表されるジェンダー意識の現状について調べてみよう。
3．女性の社会進出を促進するため必要なことは何か考えてみよう。

注
1）総務省統計局「女性（15～64歳）の就業率の上昇」（http://www.stat.go.jp/data/roudou/tsushin/pdfno08.pdf　2015年10月26日最終確認）
2）日本婦人団体連合会編『女性白書　2013――今女性にとって家族とは――』2013年8月、18頁。
3）渡邊裕子「女性の社会進出に関する制度と問題点」『香川大学経済政策研究』第5号、2009年3月、172頁。
4）世界経済フォーラムが毎年公表している国の社会進出における男女格差を示す指標であり、経済活動や政治への参画、教育水準、出生率、健康寿命等から算出される。
5）性別や国籍、障がいの有無だけでなく働き方や労働形態などの多様性を認め合い、それぞれの能力や個性を生かす職場運営のことを指す。
6）内閣府官房政府広報室「女性の活躍推進に関する世論調査」2014年8月。
7）内閣府「第2節　仕事と生活の調和（ワークライフバランス）の重要性」『男女共同

参画白書　平成25年版』2013年。

8 ）総務省統計局「最近の正規・非正規雇用の特徴」（http://www.stat.go.jp/info/today/097.
htm　2015年10月26日最終確認）

9 ）注 6 ）に同じ。

10）花見槇子「〈研究ノート〉学校文化とジェンダー　男女共同参画推進のために」『三重
大学国際交流センター紀要』 6 、2011年、81-95頁。

11）金子珠理「男女共同参画社会」における家庭教育振興政策――「家庭教育学級」の現
在――」『天理大学おやさと研究所年報』13、2006年、51頁。

参 考 文 献

伊藤公雄・牟田和恵『ジェンダーで学ぶ社会学〔全訂新版〕』、世界思想社、2015年。

伊藤良高・永野典詞・大津尚志・中谷彪編『子ども・若者政策のフロンティア』晃洋書
房、2012年。

伊藤良高・永野典詞・三好明夫・下坂剛編『新版　子ども家庭福祉のフロンティア』晃洋
書房、2015年。

岩間暁子『女性の就業と家庭のゆくえ　格差社会のなかの変容』東京大学出版会、2008
年。

| 第8章 | 父親の育児参加と人格的成長 |

はじめに

　近年、日本で「イクメン」という言葉がよく使われ、男性の育児参加の重要性が指摘され、男女のワークライフバランスを平等にするという目的は掲げられつつも、父親が育児参加することの積極的意義についての議論は十分とはいえない。母性が母親にしかもちえず、育児が女性にしか担えないのであれば、男性が父親として育児参加することの意義は相対的に低下する。「育児は母親でなければならない」といういわゆる母性神話は、発達心理学領域でいえばボウルビィの「母親剥奪」理論によるところが大きい[1]。このような「母性」が女性に帰属するという見解は、母性イデオロギーを助長したとの懐疑的な見方がある[2]。育児は女性に限定されるべきものではないが、未だ多くの育児労働は女性に偏っている現状にある。こうした状況にあって、男性、父親はどのような形での育児参加が必要なのか。本章では、日本や先進諸国における男性の育児休業取得率の現状や、社会学におけるジェンダー論や発達心理学の知見もふまえ、これからの時代の男性や父親のあり方について考えてみたい。

1　父親の育児休業取得率

　最近の内閣府男女共同参画局による調査によれば、男性の育児休業取得率は2013年において民間企業で2.03％、国家公務員で2.77％となり、女性（民間企業83.0％、国家公務員98.3％）と比較すると低い取得率であることが際立つ[3]。また、6歳未満の子どものいる世帯に対象を絞ると、有業の夫は短時間勤務制度や企業独自の制度を含む育児休業等制度の利用状況において、2012年は10.6％となっている[4]。この10人に1人という割合が、今の日本の男性の子育て参加の現状をリアルに表していると考えられる。図8-1に示すように、諸外国と比

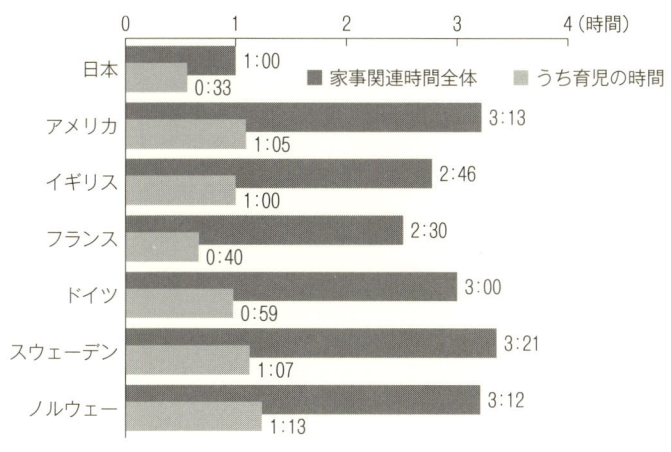

図8-1　6歳未満児のいる夫の家事・育児関連時間（1日当たり）

注：2006年データにより作成。
出典：内閣府「平成24年度版　男女共同参画白書」2012年。

較しても、日本の男性が育児に割く時間は1日当たり約33分であり、先進諸国と比べても低い水準にある。家事にかける時間も日本が1時間であるのに対し、先進諸国は2時間～3時間程度であり、大きく差がある。日本の男性が家事や育児を負担していない現状は、その分、妻である女性に負担がかかっているということになる。[5]

　一方、諸外国の父親の育児休業の取得状況は、日本が2.03％（2013年）であるのに対し、ノルウェーが90％（2012年）、スウェーデンが88.3％（2013年）、ドイツが27.8％（2011年）、ポルトガルが23.8％（2013年）である。[6] ドイツでは両親手当制度が2007年に導入されたが、これは部分休業（週30時間以内の時短勤務も受給可能）をする親の所得損失分の67％を補填する制度であり、これはそれまでの「育児手当」が支給額300ユーロ（月額）であったことからも、大きな変化であった。[7] 両親手当は育児休業を取ることが多い母親が12カ月取得でき、追加で父親がパートナー月と呼ばれる2カ月も手当を受けることができ、このことが男性の育児休業取得率を押し上げる要因となっている。つまりドイツの場合、男性の育児に対する意識が急激に変わったのではなく、「せっかく手当を受けられるなら2カ月もらっておこう」という理由であることも考慮しておく必要はある。

72

2　ジェンダーと男らしさ

　ここでは男性にとっての社会的役割、つまり男性の性役割について考えてみる。一般的に、性という問題は「生物学的性（sex）」と「心理・社会学的性（gender）」という2側面から考えることができる。ジェンダーの観点からいえば、私たちは生まれてから「男らしさ（男性性）」「女らしさ（女性性）」という「性役割」を形成する。私たちの心の中で形成されるジェンダーは、必ずしも生物学的性と一致するとは限らないし、必ず異性を好きになるとも限らない。そうしたバリエーションは、「L（レズビアン）G（ゲイ）B（バイセクシャル）T（トランスジェンダー）」という4つの「性的少数者（sexual minority）」と呼ばれる。日本でも首都圏の一部の自治体で同性婚が認められ始め、社会の中で性的少数者の権利を認めるべきだという議論も活発になりつつある。また、最近では2015年6月26日に、アメリカの連邦最高裁で同性婚を禁じている一部の州法は違憲であるという判決が出た。つまり、アメリカ国内のすべての州において同性婚は合法と認めるべきだという判断が下されたのである。ただ世界的規模でみれば、日本を含めて同性婚が合法ではない国はまだ少なくない。性的少数者の権利を認めるかどうかは、保守的な態度の人々ほど認めにくいことは、世界的にも共通すると思われる。昔からの伝統的な家族とか性別の「らしさ」にこだわるほど、例えば宗教団体の中には同性婚を認めるべきでないという人々もいる。同性婚を認めるかどうかは、私たちがジェンダーや、マイノリティに関する様々な問題をどのように考えるかという態度と深く関わっている。日本においてもさらなる議論が必要な点であろう。

　さて、ジェンダーは1つの学問体系を形成し、女性の解放と権利の回復を目的としており、前提としては家父長制の下でヘゲモニック（支配的）な男性性が女性性や他の男性性を従属させている構図がある。これはつまり、男性は社会で重要な地位を独占していて不当に女性を社会的に搾取しているという意味である。ジェンダー論は社会学におけるフェミニズム論に基礎を置き、男性に再生産労働において搾取される女性をいかに解放するかという側面がある。上野千鶴子は、「家父長制」と「資本制」の2元論的枠組みを用いてマルクス理論の限界を示しながら、家父長制と資本制のもとで生産労働が男性、非生産労働（家事）と再生産労働（育児、教育）が女性に偏っていて労働力として搾取さ

れる現状を鋭く指摘した[8]。上野によれば、「「再生産」への男性の参加が、現在母親が行っているのと同じことを生産／再生産の分業下で行い、男の母親化をもたらす（中略）のにすぎないのなら、たんなる役割の交換や男性の育児参加はそれ自体では何の意味もない。性支配と世代間支配のもとにおかれた「再生産」を、その功利的な目的——手段の系列から解き放つような「再生産」の質の変更を（中略）もたらすのでなければ、家父長制をゆるがすことにはならないだろう」と指摘する[9]。これは男性が女性の育児負担を肩代わりするだけの発想では「家父長制」という制度が生み出す根本的な問題は解決しないという指摘である。

　しかし、すべての男性が私たちの社会で政治的、経済的に重要な地位を占めている訳ではない。男性の中にもそうした地位を得られなかったり、家父長として生きて行くことに葛藤を抱える人も少なくない。上野は、家父長としての「悩める男性」として島崎藤村や太宰治などの近代の私小説作家を例とし、「彼らが主題にした「家」制度との葛藤とは、「家と近代自我との葛藤」などではなく、実のところ「家長責任を背負いきれない弱い自我の悩みや煩悶」であった」と手厳しい[10]。ただ、心理的不適応の問題のうち、1970年代から90年代にかけて流行した大学生の不登校であるステューデントアパシーは多くが男性である特徴をもっていたし[11]、社会的ひきこもりの多くが男性であるというデータがある[12]。男性が不適応に陥った場合、よくその自我の弱さが問題視されるが、こうした弱さを出しづらいこともまた、社会制度が生み出しているジェンダーの二次的産物なのかもしれない。

　ところで、日本では「男性学」を提唱する文献的研究が刊行されている[13]。これら男性学の文献で注目され、今や男性性の研究において国際的に非常に影響力の高い理論がコンネル（Connel, R. W.）の複数の男性性理論であり、以下の2つの特徴をもつ[14]。複数の男性性は、ヘゲモニックな男性性（hegemonic masculinity）、従属的な男性性（subordinated masculinity）、共謀性（complicity）、周辺化（marginalization）で構成される。コンネルの理論は、男性にも様々な「らしさ」があり、権威主義的なステレオタイプのみで男性性を論じることは十分でないことを考えさせてくれる。例えば社会的ひきこもりが成人男性の方に多いことなどを例にしても、ステレオタイプな男性のあり方でない、異なる視点の男性性を前提としなければ説明がつかない。男性として、父親として生きることは、どういう発達的道筋をたどり、成長と変化をもたらすのか。そしてそ

の発達的意義はどのように説明できるのか。私たちは従来の固定的な男性観や男性性のイメージから、より柔軟で多様な男性のあり方を模索しなければならない段階にきているのかもしれない。

　上野は、近年、離婚した父親が子どもの親権にこだわらない現状（＝母子家庭が増加し、その多くが貧困状態にあえいでいる現状）について、「多くの男たちは父としてのアイデンティティの危機を―― 一部を除いては――それほど深刻に経験していないように見えるし、（中略）仮に心理的な問題がそこにあったとしても、問題を心理に還元することは、母性の問題を精神分析やイデオロギー・レベルに還元するのと同じ観念論的なまちがいを冒すことになる」と指摘する[15]。この点について、家父長制などの社会制度を変革することの意義はもちろんあるが、現状が遅々として進まない限り、フェミニズム論から抑圧の加害者として名指しされる男性にとって、自分に何ができるのか考える視点は常に必要である。特に、社会制度を変える直接的な権限をもたない多くの男性にとって、社会制度の変革の重要性は踏まえつつも、男性自身が自覚なく女性を搾取する側に回らないための意識のもち方や、父親としてのアイデンティティ危機への向き合い方など、男性の側による抑圧する側の当事者としての議論の余地が残されている。この点は、筆者自身が男性として議論するには非常に苦しい側面である。しかしながら私たち男性が当事者としてできることは、家事や育児が経済的価値を生み出さない「厄介なこと」という価値観から脱却し、男性として、父親として、ひいては人間として、これらを担うことの積極的意義について、実践を通じて考えていくことではないだろうか。

　以上のことをまとめると、男性らしさとか男性の性役割というものは社会によって作り出された概念なので、時代や文化によって影響を受ける。フェミニズムの立場からは、男性は女性を抑圧者としての位置づけがなされている。しかし男性らしさは単純な概念ではなく、複数のコントラストをもつ、複雑なものだという議論がある。社会学では特に社会制度の変革がテーマとなるが、同時に男性自身の意識や心理的変化を目指すという視点は、議論の余地が多いといえる。こうした問題を考えるために、次項では発達心理学の研究をレビューする。

3　夫婦関係と父親の役割

　発達心理学では父親になるということについてどのように議論されているのだろうか。大野祥子と柏木惠子は、日本の父親研究のレビューをふまえて、父親と母親は違うものとしてはじめから別々の土俵の上で論じる状況を脱し、「父親と母親は本当に違うのか」という問題設定のもとに両者を同一次元上で比較することや、生物学的性差以外に考えうる要因を独立変数に設定することによって、交絡する影響を分離して性差との関連を探る方法を提案している[16]。柏木惠子と若松素子は、父母346組を対象に質問紙調査し、親になることで成長する内容として「柔軟さ」「自己抑制」「運命・伝統・信仰の受容」「視野の広がり」「生き甲斐・存在感」「自己の強さ」の6因子を見出した。これらの因子の得点はいずれも父親より母親の方が高く、母親の中でも有職者よりも主婦の方が高い結果であった[17]。

　尾形和男は、父親の育児参与度を母親の就業形態（共働き・専業主婦）、子どもの性別および月齢（年少・年長）の3つの要因にしたがって調査分析した[18]。調査対象は共働き世帯81、専業主婦100世帯で、祖父母からの影響を統制するために核家族世帯に限定した。分析の結果、「育児への関心」など複数の育児参与の下位尺度や各項目において、共働き世帯の父親の方が専業主婦世帯の父親より高い育児参与度を示していた。また、重回帰分析によって、子どもの社会生活能力に対し、父親の育児関与度の複数の変数が影響していることが示された。以上のことから、共働き世帯の父親は、母親が負担できない分の子育てを担わざるを得ない状況にあり、そのことが育児への関心や実際の行動に結びついているといえる。しかし、共働き世帯であることの理由は経済的な理由や母親の就業意識など様々なものがあり、すべての父親が育児に協力的であるとは考えにくい。

　福丸由佳・無藤隆・飯長喜一郎は、乳幼児をもつ416組の夫婦を対象に、仕事観と子ども観、父親の育児参加との関係を調査した[19]。父親の育児参加が少ないことには、労働時間の長さ、仕事中心の仕事観、子どもに無関心な子ども観が影響していることが示唆された。父親としての男性のネガティブな側面があらわれている結果といえるだろう。小野寺敦子は、68組の夫婦に対して、①妊娠7〜8カ月、②子どもが2歳時、③子どもが3歳児の3時点により、自

己概念の変化に関する縦断研究を行った。[20]母親は「怒り・イライラ」が徐々に強くなり、自尊感情が低下、「社会にかかわる自分」よりも「母親としての自分」が増加していた。父親は「父親としての自分」に変化はなく「社会にかかわる自分」の割合が大きくなっていた。90年代前半の時点では、母親に比べて父親は「親としての自分」と向き合うことが少なかったのだろうか。また小野寺敦子は、上記と同様の研究デザインによって68組夫婦に対して夫婦関係に関する縦断研究を行った。[21]分析の結果、夫婦間の親密な感覚は親になって2年の間に低下するが、その後は低いレベルで維持されることが分かった。また、妻の「頑固さ」は母親になって高くなり、夫の「我慢」は常に妻よりも高いレベルにあった。さらに、親密性が低下する要因は、夫の場合は妻のイライラや自身の労働時間の長さ、妻の場合は夫の育児参加の少なさや子どもの育てにくさが挙げられた。これらの結果からは、夫婦が子育てという事態に取り組む際の姿勢や心の動き、発達的なプロセスに質的な違いがあることを示唆している（妻の様子をうかがう夫像には個人的にほほえましいものを感じる）。

　森下葉子は、父親が配偶者や子どもに影響を受けながら育児関与を通じてどのように発達していくか検討した。調査では、第1子が未就学児である父親224名に対して質問紙調査を行い、父親になることによって成長することとして、主に「家族への愛情」「責任感や冷静さ」「子どもを通しての視野の広がり」等の因子を見出し、「育児への関与」や「性役割観」、「親役割受容観」等の関連変数でパス解析を行い、一定の有意なパス係数を得ている。[22]青木聡子は、幼児をもつ共働き夫婦185組を対象に、共同育児に対し、親役割肯定感や配偶者からの役割期待、仕事環境がどのように影響するかを分析した。その結果、夫婦で影響の様相は異なっていたが、ともに配偶者からの役割期待が共同育児の重要な要因となっていた。[23]

　加藤道代・黒沢泰・神谷哲司は、夫婦ペアレンティングに着目し、インターネットモニター調査によって父親500名、母親500名を対象とし、夫婦ペアレンティング調整尺度に関する調査を行った。[24]分析の結果、先行研究と同様に父母ともに夫婦ペアレンティング調整尺度には「促進」と「調整」の因子が見出された。さらなる分析によって、母親による父親への励まし行動が夫婦ペアレンティングを促進しているという結果であった。これらの結果は、夫婦において妻が夫の育児を批判することはあまり良い結果を生まないこと、主体となりやすい妻の側の夫への育児における励ましが効果的であることが示されている。

つまり子育てを通じた夫婦不和の原因は妻の批判的な態度であるということもできる。もちろん、積極的に子育てに参加しない夫の態度が根本的な原因であることはいうまでもない。

　このように、発達心理学の領域では主に夫婦関係に焦点を当て、育児参加という観点から、男性が父親として成長するプロセスや心理的側面について、様々な角度から調査研究が行われている。そこで浮き彫りになるのは、育児で負担が大きくなりがちな女性をどうサポートしたらよいのか、なかなか自分の役割や立ち位置がつかめない、少しおどおどした男性の姿のようである。「イクメン」という言葉が広まっている今、幸いにも育児を女性だけに任せることが男性として好ましくないという意識は広まりつつあると思われる。これは「男性性」や「父親アイデンティティ」の揺らぎであるととらえることができる。家事や育児が女性に偏っている現状から男女でできるだけシェアし合うという段階を超えて、家事や育児が男性にとっても父親として成長するための意義ある活動だということの認識を深めることが、その次に必要な段階ではないだろうか。

おわりに

　白書等の実態調査のデータでは、父親の育児参加はなかなか進まない現状がみてとれる。日本では「イクメン」というキャンペーンなどを通じ、育児をする男性にイメージを向上させようという取り組みは続いている。ただ、男性自身は育児や家事、自分のパートナーの負担を和らげることにどの程度の意義を感じているかは、なかなか根拠となるデータに乏しい。フェミニズム論の立場からは女性を家事・育児労働で搾取する男性という位置づけが強調されるが、現状は多くの男性が自らの男性性や父親アイデンティティに対する揺らぎを経験しつつ、新しい夫婦のあり方を模索している段階にあると考えている。一方で、家父長としての責任を引き受け（られ）ない男性は、どのように生きて行けばよいのか。男性が家事や育児、子どもの教育にも積極的に関わっていくことと、家父長制との矛盾はどのように解消していくべきなのか。男性と女性が性役割分業を超えて、家事や育児をとらえなおしたとき、それぞれが生きる上で新たな価値や意義がみつかるのならば、これらの問題を議論する意味が大きくなるだろう。今後、この研究領域においては、縦断的な面接データやアン

ケート調査によるデータをさらに蓄積し、男性が育児経験を通じてどのように
変化していくのか明らかにする取り組みが必要である。

┌──────────┐
│ 演習問題 │
└──────────┘
1．男性が育児休業を取得しない（できない）理由を考えてみましょう。
2．ジェンダー論の「男らしさ」とはどのようなものか、まとめてみましょう。
3．夫婦の発達研究から、夫はどのような心理的状態といえるか、まとめてみよう。

注
1）乳幼児の精神衛生が母性によって支えられており「母親剥奪」を防ぐことの重要性を
　強調するボウルビィの立場は、発達心理学の領域で一定の影響力をもっている。詳細は
　以下の文献を参照。ジョン・ボウルビィ（黒田実郎訳）『乳幼児の精神衛生』岩崎学術
　出版、1967年。
2）詳細は次の文献を参照のこと。マイケル・ラター（北見芳雄・佐藤紀子・辻祥子訳）
　『母親剥奪理論の功罪』誠信書房、1979年。
3）内閣府「平成27年度版　男女共同参画白書」2015年。
4）内閣府「平成26年度版　男女共同参画白書」2014年。
5）内閣府「平成24年度版　男女共同参画白書」2012年。
6）厚生労働省「2014年4月段階での各国の出産・育児関連休業制度」（第5回　今後の
　仕事と家庭の両立支援に関する研究会、資料1-2）、2015年2月。
7）労働政策研究・研修機構、「父親の育児休業取得率、23.6%」（海外労働情報：国別労
　働トピック：ドイツ）、2011年7月。
8）上野千鶴子『家父長制と資本制——マルクス主義フェミニズムの地平——』（第2
　版）岩波書店、1990年。
9）上野前掲書、366頁。
10）上野前掲書、232頁。
11）「ステューデント・アパシー」は大学生の長期留年現象を指し、日本の大学の学生運
　動が収束した1970年代から増加し1990年代まで注目された。主に男子大学生に多いとさ
　れ、本人は深く悩まない「自我親和性」を特徴とする。詳細は右文献を参照。下山晴彦
　「ステューデント・アパシー研究の展望」『教育心理学研究』第44巻第3号、1996年、
　350-363頁。
12）「社会的ひきこもり」については以下の文献に詳しい。齋藤環『社会的ひきこもり
　——終わらない思春期——』PHP研究所、1998年。
13）日本の男性学研究については、以下の3つの文献を参照のこと。伊藤公雄『男性学入
　門』作品社、1996年、多賀太『男らしさの社会学——揺らぐ男のライフコース——』世

界思想社、2006年、田中俊之『男性学の新展開』青弓社、2009年。

14）Connell, R. W. *Masculinities.* 2 nd ed.　California : University of California Press. 1995.

15）上野前掲書、125頁。

16）大野祥子・柏木惠子 「親としての男性――父にはなるが、父はしない？――」、柏木惠子・高橋惠子編『日本の男性の心理学――もう1つのジェンダー問題――』有斐閣、2008年。

17）柏木惠子・若松素子「『親となる』ことによる人格発達：生涯発達的視点から親を研究する試み」『発達心理学研究』第5巻第1号、1994年、72-83頁。

18）尾形和男「父親の育児と幼児の社会生活能力――共働き家庭と専業主婦家庭の比較――」『教育心理学研究』第43巻第3号、1995年、335-342頁。

19）福丸由佳・無藤隆・飯長喜一郎「乳幼児期の子どもをもつ親における仕事観、子ども観：父親の育児参加との関連」『発達心理学研究』第10巻第3号、1999年、189-198頁。

20）小野寺敦子「親になることによる自己概念の変化」『発達心理学研究』第14巻第2号、2003年、180-190頁。

21）小野寺敦子「親になることにともなう夫婦関係の変化」『発達心理学研究』第16巻第1号、2005年、15-25頁。

22）森下葉子「父親になることによる発達とそれに関わる要因」『発達心理学研究』第17巻第2号、2006年、182-192頁。

23）青木聡子「幼児をもつ共働き夫婦の育児における協同とそれにかかわる要因：育児の計画における連携・調整と育児行動の分担に着目して」『発達心理学研究』第20巻第4号、2009年、382-392頁。

24）加藤道代・黒沢泰・神谷哲司「夫婦ペアレンティング調整尺度作成と子育て時期による変化の横断的検討」『心理学研究』第84巻第6号、2014年、566-575頁。「夫婦ペアレンティング」は、欧米の "coparenting（コペアレンティング）"、すなわち子どもに中心的に関わる人が協同で子育てを行うという概念がもとになっている。

参 考 文 献

加藤秀一『知らないと恥ずかしいジェンダー入門』朝日新聞社、2006年。

汐見稔幸編『世界に学ぼう！　子育て支援――デンマーク、スウェーデン、フランス、カナダ、アメリカに見る子育て環境――』フレーベル館、2003年。

多賀太『男らしさの社会学――揺らぐ男のライフコース――』世界思想社、2006年。

第9章 子育ち環境としての家族と親の役割

はじめに

　家族は生活を営む上で、最も基礎的な社会の小集団である。人は多くの場合、誕生してから家族に育てられ、安全で愛情にあふれた家庭環境の中で生活を共有し、家族との触れ合いを通じて、社会の中で生きていく力を身に付け成長していく。しかし、近年、子どもを愛せない親、子どもを躾けられない親など、子育ち環境としての家族のあり方が問題となっている。親などによる子どもの虐待も深刻化し、全国の児童相談所に寄せられる児童虐待の相談件数は2014年度には7万件を超え、少子化にもかかわらず30年前と比べると70倍にもなっている。現代社会は子育てが難しい時代であると言える。

　本章では、子育ち環境として家族がどのように変化してきたのか、また現代社会に求められる親の役割について考察する。

1　現代家族のかたちの変容

　世帯の家族類型別構成割合について1955年から2010年の変化を見ると、子どものいる世帯割合が低下し、「単独」や「夫婦のみ」の世帯が増加している。また、子どものいる世帯の中では「ひとり親と子ども」の世帯の割合が増加傾向にある。もはや特定の家族類型をもって標準的な家族とすることができない状況になってきている。1世帯当たり人員は、1955年の4.97人から2010年の2.42人へと減少している（図9-1参照）。このような家族規模の縮小化のことを「小家族化」というが、今後もこの傾向は続き、2035年には1世帯当たり人員は2.20人まで減少すると推計されている。小家族化が子どもの育ちに及ぼす最も大きな影響は、家庭の中で自然に人間関係を学ぶ機会を乏しくしていることである。例えば、家族員が6人であれば15通りの家族関係ができるが、親と子

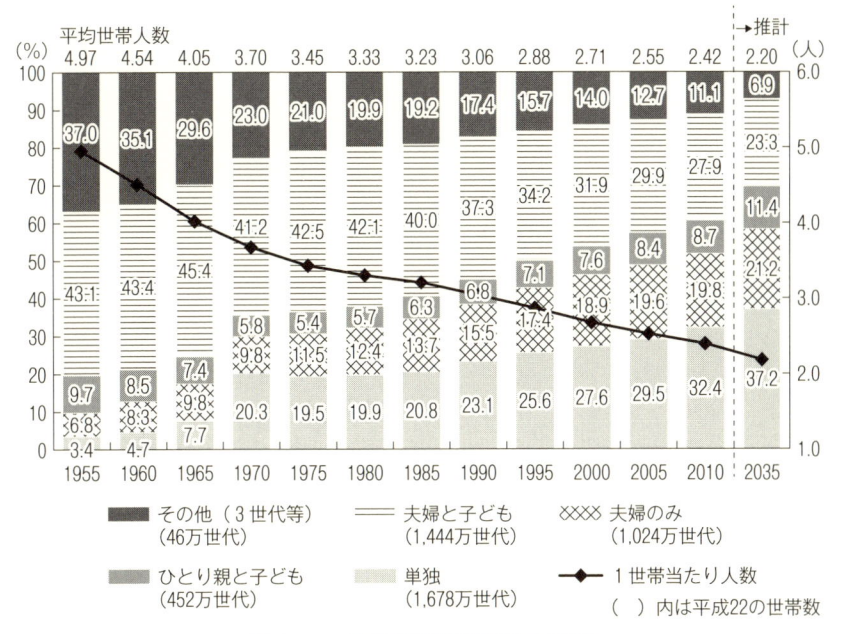

図9-1　家族類型別世帯数の推移

注：全世帯の中から「施設等の世帯」を除き、一般世帯数に占める比率を示したもの。
出典：総務省「国勢調査」。2035年の推計は『日本の世帯数の将来推計（全国推計）　2010（平成22）年～2035（平成47）年　2013（平成25）年1月推計』より引用。

どもの3人家族では3通りの関係しかできない。家庭内で経験する人間関係の量は少なくなっていると言わざるを得ない。また、親子が衝突したとき、逃げ場を提供してくれる祖父母やきょうだいなどの家族員がなく、関係をこじらせてしまう可能性も大きい。1960年代頃までの日本は3世代同居型の家庭が多く、親以外に多くの大人が子どもに接し、それらが全体として子育ての役割を担っていた。しかし、現代は「核家族化」し、子育て経験を持つ祖父母と共に暮らす3世代世帯は減少の一途をたどっている。核家族化は、家族の中に蓄積されてきた子育て経験の継承や子育てを支える関係が親子間で途切れることを指し、育児やしつけなどの家庭教育を困難にする。ただし、地域によっては、親世帯と子世帯が近くに住み、互いに密な交流を保つ近居交流型の家族が多い[1]。子育てに困った時の相談相手や子育てに関する知識や情報の提供者として、祖父母は親にとって家族資源として今もなお重要な存在となっている。

　さらに、子どもの育ちへの影響要因として取り上げなければいけないのは「少子化」である。合計特殊出生率（1人の女性が生涯に産む子ども数）は、第1次ベビーブーム期（1947〜1949年）には4を超えており、母親の多くは4人以上の子どもを産んでいた。当時はまだ医療が十分に行き届かなかったために、早世する子どもが後をを絶たず、生き残る子どもの数を見込んで多く産むのが当然とされていた。当時の母親は生活、人生のほとんどを家事と子育てにあてていたと言える。しかし、出生率は1950年以降急激に低下し、1975年には人口置換水準の2.08を下回り少子化は進行していった。

　戦後の家族は、子育てを含む家事労働の多くを母親の役割として位置付けてきたが、1973年に始まるオイルショックは、家族のかたちに大きな変化をもたらした。社会意識の変化や経済的要因により女性の社会進出が進み、共働き世帯を増加させたのである。しかし、依然として「子育ては母親の役割」とする意識は残っており、父親の育児参加が進んでいない。子育てが母親中心の仕事になっている現状の中で、働く母親の負担感が強まったことが少子化を助長してきたとも言われている。そして、1990年のいわゆる「1.57ショック」を契機に、政府は出生率の低下と子どもの数が減少傾向にあることを問題として認識し、仕事と子育ての両立支援など子どもを生み育てやすい環境づくりに向けての対策の検討を始めたが、その後も減少し続け2005年には過去最低の1.26を記録した。最近の合計特殊出生率は、2014年が1.42と回復傾向にあるが、母親となる女性の数が減少しているため、出生数は減少し続けている。

　少子化は親にとっては、数少ない子どもに子育てのエネルギーを注ぐことできる契機になった。しかし、きょうだいが少ないということは過保護・過干渉の子を生みだす原因となり、家庭の中で異年齢の子ども同士が切磋琢磨する機会をなくしてしまっている。また、依然として母親に子育ての責任が課せられている現代においては、母子密着を招き、母子癒着の病理を引き起こす原因にもなっている。現代社会の課題である「不登校」「社会的ひきこもり」「就学・就労もしない若年無業者（ニート）」の原因の1つに、親の過干渉があるという指摘もされている。親の過剰なしつけや教育による子ども支配という「やさしい虐待」により、子どもが自立することを困難にさせている。親離れ・子離れは現代社会の大きな課題となっている。

　さらに、2世代にわたる少子化の進行は、きょうだいだけでなく、叔父、叔母、いとこなどの親族がいない子どもの増加をもたらしている。地域の子ども

の数も減少し、異年齢で遊んだり、親以外の大人と関係を持つことが少なくなり、現代は子どもの社会性が育まれにくい環境にある。現代は子育てをしていく上で工夫や努力が必要とされる時代であり、そのために果たす親の役割は重要となっている。

2　子どもの育ちに求められる親の役割

　家庭での子どもの教育は、「子どもが社会の一員となるための教育」であり、家庭がそうした教育的役割を果たすことができる力を総合して「家庭の教育力」と呼んでいる。[2] 家庭教育はすべての教育の出発点であり、善悪の判断や他人に対する思いやりやなどの基本的倫理観、基本的生活習慣、自立心、社会性、豊かな感性など、子どもが社会に適応し生きていくために必要な力や知恵を身に付ける上で重要な役割を果たすものである。このように、子どもが所属する社会の生活習慣や価値、行動様式を学習し、社会のメンバーになっていく過程を「社会化」と呼ぶ。[3] 子どもの社会化はもちろん家庭のみで行われるものでない。しかし、近年の都市化、核家族化、少子化、地域における地縁的なつながりの希薄化など、家族を取り巻く社会状況の変化の中で、家庭の教育力は低下している。

　国立教育政策研究所が2006年に実施した「家庭の教育力再生に関する調査研究」によると、「家庭の教育力は低下しているか」の問いに対して8割以上の親が肯定しており、2001年調査より上昇している（図9-2参照）。親自身も家庭

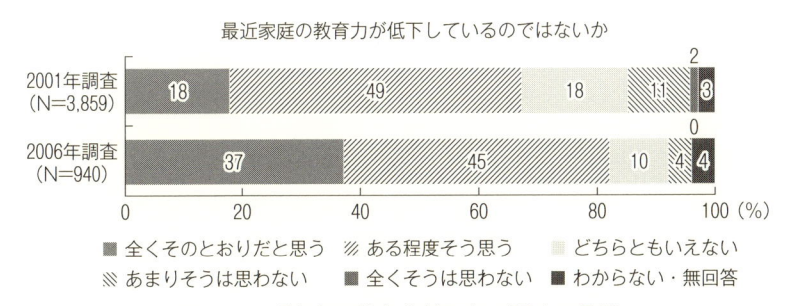

図9-2　「家庭の教育力低下」に関する見解

出典：国立教育政策研究所「家庭の教育力再生に関する調査研究」（平成18年度）国立教育政策研究所HPより引用。

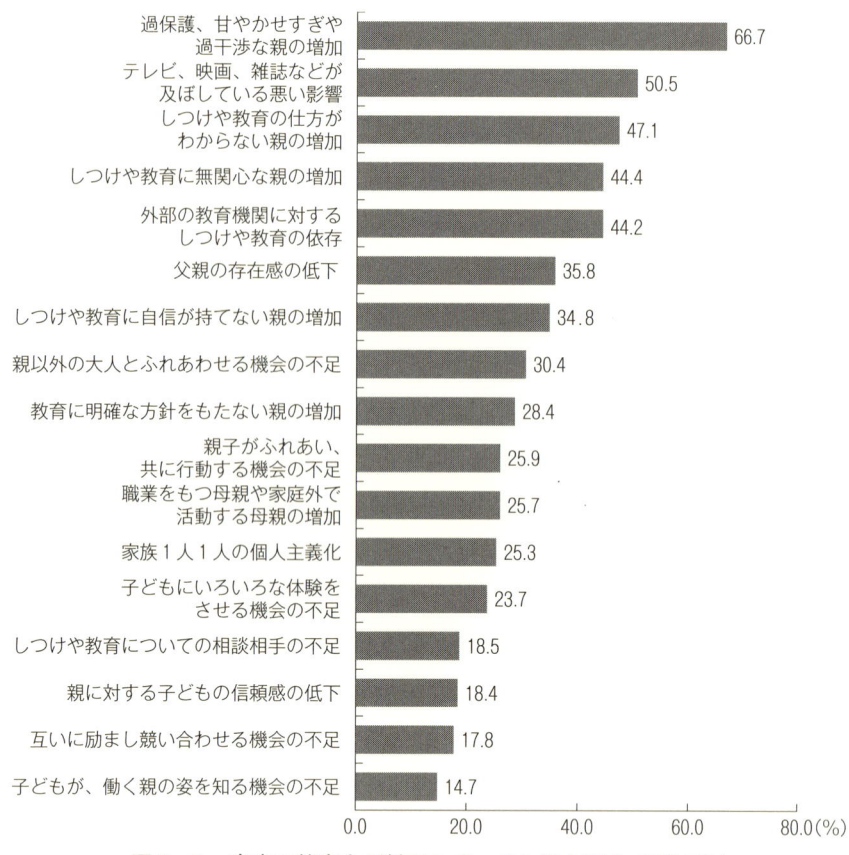

図9-3　家庭の教育力が低下していると思う理由 (複数回答)

注：調査対象は子どもと同居する親のうち25〜54歳の男女3859人。
出典：国立教育政策研究所「家庭の教育力再生に関する調査研究」(2002年)。

の教育力の低下を実感していると言える。家庭の教育力が低下していると思う
理由については、過保護、甘やかせすぎや過干渉の親の増加、テレビ等マスメ
ディアが及ぼす悪い影響をあげるものが半数以上を占め、子どもに対するしつ
けや教育に問題があると感じている親が多い。また、子どもに対するしつけや
教育について、仕方がわからない親、無関心な親、自信が持てない親、方針の
ない親の増加など、親自身の問題だと捉える者も多くみられる (図9-3参照)。
少子化が進む中で若い世代の多くは、実生活の中で乳幼児に接したり、幼い

きょうだいの子守りをする機会が少ないままに大人になっている。このため、親の中には乳幼児とはどういうものか、親として子どもにどのように接したらよいのか分からない親が増えている。周囲にも子育て経験者がいない中で、子育て経験のない親が、悩みをかかえながら子どもと向き合う状態が増えている。また、父親の存在感の低下をあげる者も多く、形式的にも実質的にもひとり親家族が増加している。本来、家庭は家族の触れ合いの場であり、同時に子どもに必要な基本的生活習慣等を身につける場であるが、家庭の教育力が低下し、親が親としての役割を果たせないケースも生じてきており、家庭内での子どもへの虐待や暴力も社会問題化している。

　長い歴史の中で子育てを誰がするのか、子育ての責任は誰にあるのかについては、時代により異なり一致していない。例えば、江戸時代、家父長制のもと子どものしつけや教育の責任は父親にあるとされていた。当時、出産によるトラブルのため当時の女性の死亡率は高く、母親が子育てに専念できない状況があった。また、農村では一家総出で農作業をするため母親は重要な労働力でもあり、父親が深く関わらざるを得ない状況があった。そのため、江戸の地域社会には父親の子育てを助けるため地域社会での義理の親（仮親）のシステムがあったと言われている。「母親中心の子育て」に関心が高まってきたのは明治に入ってからで、欧米に影響を受けた啓蒙知識人により紹介された。そして、産業化の進展にともなって20世紀初頭、都市部を中心に新しい家族のあり方（近代家族）が登場する。夫は日中、企業や役所で働き、その収入で家計を支え、家庭生活の一切を妻に任せ、子育ても母親の責任で行われるようになっていく。この新しい家族スタイルは、大正・昭和の新中間層の教育関心を得て、高度経済成長期に浸透していった。多くは、伝統的な共同体から空間的にも精神的にも切り離された核家族で、性別分業家族であった。

　つまり、戦後の日本における子どもへの責任は、地域社会・家庭から家庭のみになり、家庭の教育に対する意識はますます強まっていると言える。これまで生活の中で子どもが自然と身に付けていた様々な力——思考力や感性、共同力、忍耐力、企画力、デザイン力、好奇心、冒険心、展望力などを、子どもの教育に関する最終的な責任を家族という単位が一身に引き受けざるを得なくなってきたのである。そして今、共同育児を目指し、母親に偏りがちの子育てに父親がどう関われるのか、新しい子育てのあり方が問われている。

3　求められる親の子育て支援

　図9−4、図9−5は、Ａ県内17カ所の地域子育て支援センターに通っている子どもの親及び家族630名を対象に調査を実施した結果である。地域子育て支援センターは、子育ての不安や悩みについての相談、育児講座の開催、育児サークルの育成・支援、保護者同士の交流の場の提供などを行っている場である。利用者は、専業主婦や育児休暇中の母親が多い。日頃の子育てについて悩んでいることは、病気・発育・障がいなど「子どもの健康や発達のこと」であり、次いで多かったのが、「夫婦で楽しむ時間がない」「子どもが病気がちである」「仕事との両立が難しいこと」と続いている。深刻な問題となっている児童虐待の意識については全体としては少ないが、「いつも悩む」「時々悩む」を

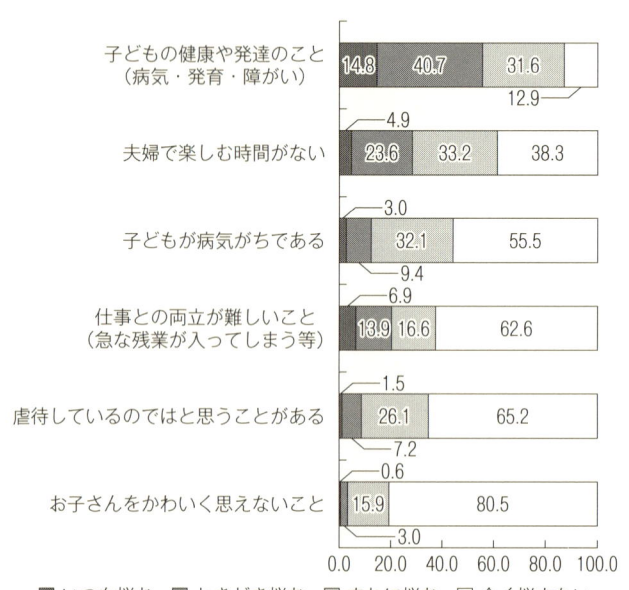

図9−4　子育ての悩み

注：調査対象はＡ県内17カ所の子育て支援センター利用者630名。
　　調査時期は2012年11月〜2013年1月。
出典：中岡泰子・小川佳代・冨田喜代子「Ａ県における子育て支援ニーズに関する調査研究（その１）——子育ての悩みやストレス解消法の地域比較——」『四国大学紀要（人文・社会科学編）』第40巻、2013年、1 -12頁。

合わせると1割弱の者が日頃の悩みとしてあげている。最もニーズが高かった育児サポートは、親同士が集える「交流の場」で約9割の者が必要だと回答している。また、子どもを「一時的に預かってくれる場」が「とても必要」と回答した者が半数以上を占めニーズが高い。また、育児不安が社会問題となっている中で、「子育て相談の充実」を求める声も多い。

　人々のライフスタイルや意識が多様化し、家族それぞれが抱える課題も一様ではない。仕事を持つ親は子育ての時間の不足に悩み、専業主婦は日々の子育ての中で孤独感に悩む傾向が見られる。また、子どもの成長に伴って複雑化する子育て上の課題にどう向き合えば良いのか分からず、親の育児不安感が拡大

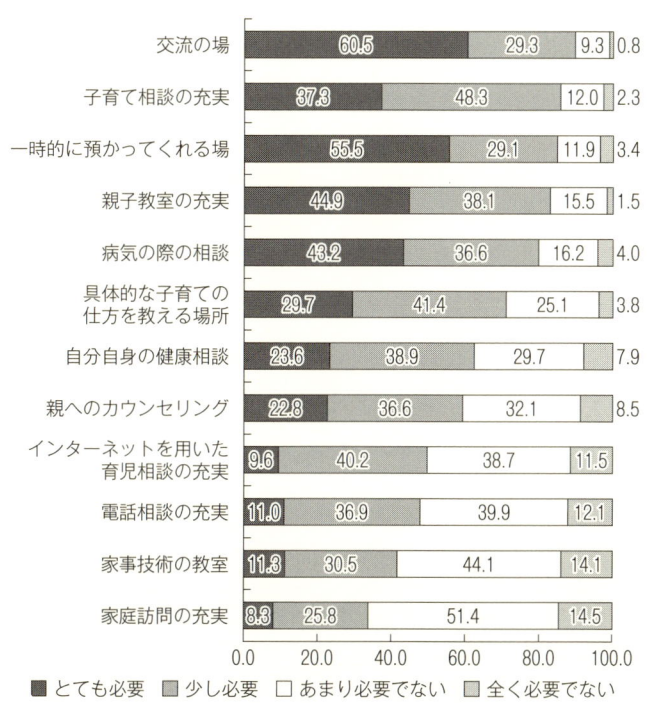

図9-5　育児サポートの必要性

注：調査対象はA県内17カ所の子育て支援センター利用者630名
　　調査対象は2012年11月〜2013年1月。
出典：中岡恭子・小川佳代・富田喜代子「A県における子育て支援ニーズに関する調
　　査研究（その1）——子育ての悩みやストレス解消法の地域比較——」『四国
　　大学紀要（人文・社会科学編）』第40巻、2013年、1-12頁。

している。離婚等により仕事と子育てを1人で担っているひとり親など、周囲の支えをより必要としている親は増加傾向にある。子育てが「孤立化」する中で、しつけや子どもの接し方など家庭教育に関する悩みや不安が相談できる場など、家庭における教育力の向上を図るための支援の推進が求められている。

お わ り に

　家族や親に期待される役割は時代とともに変化し、家族のつながりが弱くなっていると言われる。[6] しかし、家族を何よりも大切と思う人は、逆に大きく増えている。[7] 情緒的なやすらぎや充実感をもたらすことが期待される家族の存在が、人々にとってより重要な存在になっていると考えられる。さらに、東日本大震災後、人とのつながりの大切さが見直され、身近な家族に支えや地域の助け合いなど、家族や社会との関係性が幸せの条件であると感じる人々が増えている。

　家族は、他の集団では代替困難な特別の存在であり、個人の生活や意識に大きな影響を与えるものである。子どもや家庭を取巻く環境が大きく変化している中、安心して子育て、子育ちができる環境を整備することがより一層求められている。

　　|演習問題|
　1．日本における家族のかたちの変化は、子どもの育ちにどのような影響を与えているのか考えてみよう。
　2．家族は時代によってどのように変遷してきたのかまとめてみよう。
　3．家族に関わる統計や調査について調べてみよう。

注
　1）このような家族の形を修正拡大家族と呼ぶ。内閣府「都市と地方における子育て環境に関する調査」（平成23年）によると、親との近居は中国・四国地域に比較的多く見られる。出生率の背景には子育て支援環境、雇用環境、親族との同居や住環境、子ども・子育てに関する価値観など、地域ごとの事情があると分析している。
　2）天野寛子は、家庭の教育力を「子どもが自分の健康を維持し、社会で生きる能力（知識技術・情緒・ガンバリ、他人への配慮の仕方）、自分の命（活動力）の再生産能力を日々の生活の中で身につけさせる力」だと定義づけている（引用文献：天野寛子『モデ

ルなき家庭の時代』はるか書房、1997年)。

3）望月清美は、社会化の過程において欠くことが出来ない要素として、「すべてを暖か
くつつみこみ、親子が一体化する母性原理」と「是非善悪のけじめをきちんとつけ、親
子の間を分離・切断し子どもの自立を育てる父性原理」をあげ、これらの繰り返しに
よって形成されるとしている。ただし、社会化の理論に対しては、子ども自身の発達す
る能力や、子育てを通じて親が学ぶという逆方向の影響を見落としているなど、いくつ
かの批判が提起されている（引用文献：森岡清美・望月嵩『新しい家族社会学』培風
館、1997年)。

4）近代家族とは、前近代の家父長的家族に対し、成員それぞれの人格の尊重、愛情と信
頼関係によって成立していると考えられる家族であり、子どもの養育が重要な責務とな
る。産業化以後に出現したこの家族観は実は18世紀に誕生した歴史的な産物だという一
連の研究は家族研究に大きな影響を与えた。日本における近代家族論は1980年代の中頃
から始まり、近代家族の定義をめぐって活発な議論がなされた（引用文献：槇石多希子
ほか『変化する社会と家族』建帛社、1999年)。

5）落合恵美子は、戦後の日本の家族を、「核家族化」「既婚女性の専業主婦化」「二人っ
子」の三つの特徴をもつ近代家族と指摘している（引用文献：落合恵美子「近代家族を
めぐる言説」井上俊編『現代社会学19〈家族〉の社会学』岩波書店、1996年)。

6）現代の家族の特徴として「個別化」と「個人化」がある。個別化とは「個人や集団の
欲求充足を図る活動の単位がより小さくなる傾向」、個人化とは「生活編成の中心を自
分らしく生きたいという個人的価値の実現におく傾向」を指す。長津美代子は、「個人
重視の時代に大切なことは、共同性や連帯性への自覚である」と指摘している（引用文
献：袖井孝子編『少子社会の家族と福祉』ミネルヴァ書房、2004年)。

7）統計数理研究所「国民性の研究全国調査」(2014年)によると、「あなたにとっていち
ばん大切なものは何か」の問いに対し、他の回答を大きく上回り第1位となったのは
「家族」で、1980年代以降「家族」が首位を維持し続けている。

参 考 文 献

岩間暁子・大和礼子・田間泰子『問いからはじめる家族社会学——多様化する家族の包摂
　　に向けて——』有斐閣、2015年。

柏木惠子『親と子の愛情と戦略』講談社、2011年。

草野いづみ『みんなで考える家族・家庭支援論——知っていますか？　いろいろな家族・
　　家庭があることを——』同文書院、2013年。

落合恵美子『21世紀家族へ——家族の戦後体制の見かた・超えかた——』有斐閣、2004
　　年。

湯沢雍彦・宮本みち子『新版　データで読む家族問題』日本放送出版協会、2008年。

第10章　障がい者支援における支援者の成長

はじめに

　障がい者支援においては、障がい当事者が地域社会で主体となって、その人らしく自立した生活を送ることができる社会を作る必要がある。そのためには、障がい者支援にあたる支援者の力量が求められ、支援者が生き生きと、そして主体的・能動的・自律的に支援を行うための手立てが必要である。適切な支援においては、支援者を援助する仕組み作り、教育・研修体系の構築、スーパービジョンの導入、支援者の心理的な援助など、支援者が成長するための方策などを考えることが重要となる。

　そこで、本章では障がい者福祉の現状を紹介し、障がい者支援の最前線で奮闘する支援者が成長するための手立てや仕組み作りについて論じていく。なお、本章では原則、「障がい者」と表記するが、引用箇所や法律名、条文などについては、記載どおりに「障害者」とする。

1　障がい者支援の現状
──支援者の置かれた立場──

　障がい者支援は、2003年4月からノーマライゼーションの理念に基づいて導入された「支援費制度」により充実が図られてきた。また、2006年4月から「障害者自立支援法」が施行され、その後、障がい者制度改革推進本部等における検討を踏まえて、障がい者の権利保障を理念に掲げ、また、制度の谷間を埋めるために障がい児について児童福祉法を根拠法に整理するなどを経て、2013年4月から「障害者の日常生活及び社会生活を総合的に支援するための法律」（以下、障害者総合支援法と略）に改正・改名し施行された。障害者総合支援法第1条の2では基本理念が示され、「全ての国民が、障害の有無にかかわら

ず、等しく基本的人権を享有するかけがえのない個人として尊重されるものである」としたうえで、「全ての国民が、障害の有無によって分け隔てられることなく、相互に人格と個性を尊重し合いながら共生する社会を実現するため、全ての障害者及び障害児が可能な限りその身近な場所において必要な日常生活又は社会生活を営むための支援を受けられることにより社会参加の機会が確保されること及びどこで誰と生活するかについての選択の機会が確保され、地域社会において他の人々と共生すること」を目指していることを示している。

　上記の点を踏まえ、障がい者が住み慣れた地域社会において自立した生活を営むためには、支援者の存在が重要になる。本来、支援者は障害者総合支援法の理念を踏まえて障がい者への支援を行う必要がある。しかしながら、近接領域である、高齢者領域の「2014年度介護労働実態調査」の結果による就業実態[2]と就業意識調査から介護労働者の実態をみると、次のような傾向がある。[3]

　まず、仕事を選んだ理由は、① 働きがいがある仕事と思ったから、② 資格・技能が活かせるから、③ 今後もニーズが高まる仕事だから、④ 人や社会の役に立ちたいから、などである。次に、労働条件等の不満では、① 人手が足りない、② 仕事内容のわりに賃金が低い、③ 有給休暇が取りにくい、④ 身体的負担が大きい、⑤ 業務に対する社会的評価が低い、⑥ 精神的にきつい、などである。このように、実際に仕事に就く時の思いと、仕事を通じて感じる労働条件等の不満には乖離があり、特に忙しさや賃金の低さ、社会的評価の低さ、身体的、精神的負担など、が挙げられている。

　ここで1つ悲しい事例を挙げてみたい。2015年6月、山口県下関市の障害福祉サービス事業所で利用者（知的障がい）を暴行したとして、元支援員が逮捕された。暴行（暴言や暴力）の様子がマスコミでも広く報道され一般的にも支援者による障がい者への虐待の実態が明らかになった。しかし、はたして、この事件は特別なもので、虐待をした元支援者だけに起こりうる固有の事案なのだろうか。仕事への不満や人権擁護意識の希薄さ、専門性の欠如から虐待という行為に走ってしまうことは現実にあり得るであろう。であるとしても、対象の支援者を処罰したり、非難したりするだけでは根本的な問題の解決には至りにくい。この虐待が起こる背景を考え、再発防止に必要な取り組みを早急に行う必要があるのではないだろうか。[4]

　なお、障がい者への虐待については『2013年度「障害者虐待の防止、障害者の養護者に対する支援等に関する法律」に基づく対応状況等に関する調査結果

報告書⁵⁾』によると、2013年度相談・通報件数は4,653件であった。事実確認調査の結果、市町村が虐待を受けた、または、受けたと思われると判断した事例は1,764件であったと報告している。これまで、明るみに出なかったものも多く存在し1つの社会問題として捉えることもできるのではないだろうか。

さて、これらの問題は支援者だけを非難し裁けばよいのであろうか。根底にあるのは障がい者の権利擁護や人材育成⁶⁾の整備が不十分である等、様々な要因が重なり合いこのような結果になっているとも思われる。今後は、障がい者支援に携わる支援者の教育・研修のあり方を見直し、同時に、支援者への援助が必要である。

2 支援者への援助
——支援者の権利が守られるために——

障がい者総合支援法の理念に則り、障がい者支援を行うためには、まず、意識しなければならないこととして、支援者の権利を保障することをあげておきたい。これから、取り組む必要があるのは、労働環境の改善である。大橋美加子⁷⁾は、近接領域の高齢者介護における介護職員の権利を実現するための課題として、第1に労働環境の改善として給与水準の見直し、労働時間、労働負担の見直しが必要であること、第2にサービス提供時間と労働の再編成について検討することの必要性を指摘している。そして、新たな介護理論の構築が必要であり、このような労働環境の整備は、介護職員の権利を守ると同時に利用者の生活を保障することでもあると述べている。障がい者支援においても、支援者自身の生活（経済面でも）が保障され、権利が尊重されることで、はじめて、障がい者の権利が尊重され、障害者総合支援法の理念に基づく支援が実践できるのではないだろうか。「福祉の心」や「思いやりの心」と従来言われている感情面も大切な視点ではあるが、それだけでは質の向上は望めない。支援者の権利を保障することは、障がい者支援の第1歩となり得るのである。

支援者が意欲的に働くための手立てとして第1に議論が必要なことは給与水準の見直しであろう。2013年度障害者福祉サービス等従事者処遇状況等調査（以下、処遇状況等調査と略）⁸⁾による障がい者施設職員⁹⁾の月額平均給与額は全体平均25万8044円（常勤29万646円、非常勤17万6465円）で2012年度と比較すると7375円（常勤9637円、非常勤1715円）増加している。障害者支援施設の給与引き上げにつ

いては2013年4月1日から2013年9月30日の間の給与等の状況をみても64.5%の障害者支援施設などが給与を引き上げている結果となった。この点について、見直しが行われていると考えられる。

しかし、厚生労働省「平成25年『賃金構造基本統計調査（全国）』の結果[10]」では、一般労働者の月額平均給与額は、男女計29万9600円（年齢42.1歳、勤続12.1年）、男性32万9600円（年齢42.9歳、勤続13.5年）、女性23万8000円（年齢40.6歳、勤続9.3年）となっている。このように、一般労働者との給与比較をした場合にも、けっして高い水準にはなく、むしろ一般労働者の給与水準を下回っていることも理解しておく必要がある。

また、給与引き上げ以外の処遇改善として、「処遇状況等調査」によると、障害者支援施設では「資格取得や能力向上に向けた教育研修機会の充実や対象者の拡大」「新人職員の指導担当・アドバイザーの設置」など質の向上に向けた取り組みが行われている。さらに、「腰痛対策、メンタルケア等を含めた健康管理の充実」「職員会議、定期的なミーティング等による仕事上のコミュニケーションの充実」「仕事内容や労働条件に関する個別面談機会の確保」など、労働環境の改善に取り組む姿勢もあることが明らかとなっている。

ここで、支援者自身の権利意識の醸成にも少し触れておきたい。上記にあるように待遇改善だけでなく、メンタルケアやコミュニケーションの充実など対人的な支えと同時に、支援者自身が権利を意識すること、かつ行使することが必要である。そのためには、コミュニケーションスキルの1つとされるアサーションを意識することが有効である。平木典子によれば[11]、アサーションとは本来生まれながらに持ちえる基本的権利を前提として、相手の意見も尊重しつつ、自分の意見も適切に主張し、互いの妥協点をみいだすこと、とされる。支援者自身が持つ基本的権利、すなわちアサーション権を自らが知り適切に行使することで心理的ストレスの軽減や職務に対する自信も高まることが期待できる。

筆者の障害者支援施設での現場経験からも、職場での上司や同僚からの無理な指示、要望などに対して、自分の権利を適切に表明できる支援者は、上手く「○○によって、今はできませんが、○○にはできると思います。」とその場に適した対応ができている。それは、他者の立場や役割を理解し、同時に自身の役割を理解した上で対応することができているともいえる。そのためには、無理や我慢をするだけでなく、できないことを感情論ではなく、事実として状況

を適切に伝えることの技術も必要である。つまり、自分の権利として自らの状況を適切に相手に伝える知識や技術を持つことは、支援者の成長にもつながると考えることができる。

3　支援者の成長を目指して
——スーパービジョンと教育・研修の体系化——

　支援者の成長に欠かせないこと、それは、支援者の権利が守られるのと同時に、支援者を援助する仕組みが作られることが重要となる。しかし、村田久行[12]が「なぜ『援助者の援助』なのか？　『援助者の援助』の考えが必要な理由は、日本の対人援助職は援助されていないからである。」と述べるように、日本において支援者を援助する仕組みが明確に存在するとは言い難い。多少、長い引用になるが村田久行[13]の指摘を以下に記す。

　　「『援助者の援助』が存在していないこの現状は燃え尽き症候群や離職の増大という現実的な問題をつきつけてくる。のみならず、それはさらに対人援助職の専門性が育たないという根深い課題を問いかけてくる。現場での実践の継続性と系統的な教育・訓練がその領域の対人援助職の専門性を保障するのであるが、援助者としての成長を援助されることなく『業務』におわれる援助職は、意欲ある職員ほど燃えつきるか苦しみつつその職場を離れる傾向にある。」

　上述引用文のように、支援者（文中では援助者）を援助することが、専門性を高め支援者を成長するための手立てであることが指摘され、その援助がないがために一所懸命な支援者ほど燃えつきる傾向があるとしている。では、いかなる支援が必要であろうか。
　まず、村田[14]が提唱する支持的スーパービジョンの必要性とこれまでの支援者教育の問題点などに触れていきたい。これまで、福祉現場におけるスーパービジョンは管理的・教育的機能を中心に組織の一員として働くことが重視されてきた傾向にある[15]。つまり、管理的にがんじがらめにするのではなく、支援者を援助するという視点を持つことが重要である。
　本章で提案したいのは、スーパービジョンの機能として、管理的・教育的・支持的機能の中でも支持的機能をより強調した、支援者を援助する仕組みづく

りである。援助を受ける者と援助する者との良好な人間関係から信頼関係を構築し、支援者が成長するための手立てとして支持的スーパービジョンの導入も有効であろうと思われる。

　次に、教育・研修体系の構築である。東京都福祉保健局は2011年３月「社会福祉施設における人材育成マネジメントガイドライン」(以下、ガイドラインと略)[16]を出している。その背景には優れた人材の育成や定着を目指し、職員が働きやすい、そして働きがいがある職場にすることで、サービスを受ける利用者の満足度も向上するといったことが考えられるからである。このガイドラインでは、人材育成の仕組みの構築と活性化が示されている。そこでは、キャリアパスに応じた役割・職務と能力の設定、人材育成の実践として、人材育成体系の構築、OJT の実施、職場内研修の実施など、それぞれの職種・職階別によってきめ細やかな研修体制が示されている。このように、支援者が成長するためには教育・研修体系の仕組み作りが必要であり、支援者が働く意欲を喚起できるような取り組みが求められている。

　例えば、支援者の早期離職を減らすためには、新人職員（支援者）の教育・育成プログラムであるプリセプターシップの導入も有効であろう[17]。佐藤まゆみ[18]らは、日本の８割の病院では、新人看護師の育成方法としてプリセプターシップを導入し、効果があると指摘している。

　現在、社会福祉施設へのプリセプターシップ導入事例は多くない。社会福祉施設へのプリセプターシップの導入を提案している河内正広[19]は次の５つのポイントあげている。① 経営者の姿勢、② 全社的取り組み体制の構築、③ プリセプターシップの体系化、④ 業務改善、整理、⑤ 新プロジェクトの原則（人材、資材、資金の確保）である。つまり、経営者や職員の意識改革と職員同士が学び合う風土の構築、OJT と組み合わせたプリセプターシップの実践、業務の適切な評価と実践、そしてこれらを機能させるための予算措置が必要であるといえる。プリセプターシップは新たな取り組みではあるが、新人の支援者が成長するための１つの組織的取り組みといえるのではないだろうか。

　このように、障がい者施設における人材育成の課題を整理し、組織的な解決に資する効果的な人材育成システムの構築を目指す必要がある。新人教育だけでなく、中堅職員やベテラン職員、管理者についてもキャリアに応じた教育・研修の機会が提供され、社会福祉施設全体として人材育成の必要性と重要性を認識し、専門性を高める職場風土を構築することも求められている[20]。

おわりに

　これまで、障がい者支援における支援者の成長について、支援者を援助する仕組みとして、支持的スーパービジョンの導入や障がい者施設における教育・研修体制の構築、特にプリセプターシップの導入について検討してきた。しかし、ここで初心に立ち戻り考えておかなければならないことがある。それは、支援者が成長するためには、支援者自身が学ぶ意欲を持ち、かつ、成長したいと思うことが大切である。支援者が主体的・能動的そして自律的に職務を遂行する意識を醸成することが重要となる。すなわち、支援者の成長にとっては、支援者を支え援助する仕組みがあり、同時に学び合う職場風土であることが求められる。

　たとえ、支援者を援助する仕組みや教育・研修体制が整ったとしても上意下達の命令によって支援者自身がやらされ感を持ったり、自律的、主体的に支援に取り組む姿勢がなかったりした場合、支援を受ける障がい者にそのしわ寄せが来るのではないだろうか。また、支援者1人1人の権利が保障され、かつ、大切にされていることを実感できる組織作りも重要であろう。つまり、支援者の成長に欠かせないものとして組織のあり方も重要な意味を持つことを考えておかなければならない。

［演習問題］
1. 障がい者福祉の制度・政策について最新の情報を概観してみよう。
2. 支援者の成長する手立てを考えてみよう。
3. 支援者を支えるとはどのようなことなのかを考えてみよう。

注
1) 全国社会福祉協議会「障害福祉サービスの利用について」平成27年4月版、2頁。
2) （公財）介護労働安定センター「平成26年度『介護労働実態調査』の結果（事業所における介護労働実態調査及び介護労働者の就業実態と就業意識調査）」(http://www.kaigo-center.or.jp/report/　2015年9月2日最終確認)。
3) 本調査による介護労働者は、介護保険の指定介護事業所で働き、直接介護を行う者である。
4) 朝日新聞DIGITAL2015年6月11日「障害者への虐待、常態化か、映像奉公に関係者

複数　下関」（http://www.asahi.com/articles/ASH 6 B 4 RPGH 6 BTIPE025.html　2015年 9 月10日最終確認）。

5 ）厚生労働省　社会・援護局障害保健福祉部　障害福祉課　地域生活支援推進室「平成25年度『障害者虐待の防止、障害者の養護者に対する支援等に関する法律』に基づく対応状況等に関する調査結果報告書」2014年11月（http://www.mhlw.go.jp/file/04-Houdouhappyou-12203000-Shakaiengokyokushougaihokenfukushibu-Shougaifukushika/0000065135.pdf　2015年 9 月21日最終確認）。

6 ）社会福祉専門職の権利擁護に関する学びについては、勅使河原隆行・佐藤弥生「社会福祉専門職における権利擁護に関する研究」『保健福祉学研究』2009年、第 7 号、93-103頁に詳しい。

7 ）大橋美加子「福祉労働者の労働と権利の実現」『名古屋経営短期大学紀要』56号、2015年、105-115頁。

8 ）厚生労働省社会・援護局障害保健福祉部「平成25年度　障害福祉サービス等従事者処遇状況等調査結果の概況」（http://www.mhlw.go.jp/bunya/shougaihoken/toukei/shogu_tyousa/dl/h25_gaiyou.pdf　2016年 1 月19日最終確認）。

9 ）ここでは、福祉・介護職員処遇改善加算の対象者である、ホームヘルパー、生活支援員、児童指導員、指導員、保育士、職業指導員などであり、看護師、理学療法士・作業療法士、相談支援専門員、サービス管理責任者は除いてある。

10）厚生労働省「平成26年賃金構造基本統計調査の概要」（http://www.mhlw.go.jp/toukei/itiran/roudou/chingin/kouzou/z2014/dl/14.pdf　2015年 9 月21日最終確認）。

11）平木典子『改訂版　アサーション・トレーニング—さわやかな〈自己表現〉のために』金子書房、2009年、58頁。

12）村田久行『援助者の援助——支持的スーパービジョンの理論と実際——』川島書店、2010年、 1 頁。

13）同上書、 2 頁。

14）同上書で支持的スーパービジョンの重要性が示されている。

15）福山和女編著『ソーシャルワークのスーパービジョン』ミネルヴァ書房、2005年、190-200頁。

16）東京都福祉保健局「社会福祉施設における人材育成マネジメント」2011年 3 月（http://www.metro.tokyo.jp/INET/OSHIRASE/2011/03/DATA/20l34401.pdf　2015年 9 月20日最終確認）。

17）プリセプターシップとは、厚生労働省「新人看護職員研修ガイドライン　改訂版」によると、「新人看護職員 1 人に対して決められた経験のある先輩看護職員（プリセプター）がマンツーマン（同じ勤務を一緒に行う）で、ある一定期間新人研修を担当する方法。この方法の理念は、新人のペースに合わせて（self-paced）、新人自らが主体に学習する（self-directed）よう、プリセプターが関わることである。」としている。その他、

新人育成のチューターシップ、メンターシップ、チーム支援型など組織の状況によって
支援する組織の仕組みは異なるが、離職の防止に役立つ取り組みといえる。

18）佐藤まゆみ・大室律子・荒屋敷亮子・和住淑子・赤沼智子「プリセプター支援者に求
められる能力・資質に関する研究」『千葉大学看護学部紀要』2009年、31号、1‐5頁。

19）河内正広『ケアワーカーの教育研修体系——プリセプターシップ・感性教育・事例研
究——』学文社、2004年、88-89頁。

20）東京都福祉保健局「社会福祉施設における人材育成マネジメント」2011年3月
（http://www.metro.tokyo.jp/INET/OSHIRASE/2011/03/DATA/20l34401.pdf　2015年
9月20日最終確認）。

参 考 文 献

伊藤良高編著『教育と福祉の課題』晃洋書房、2014年。

伊藤良高・永野典詞・大津尚志・中谷彪編『子ども・若者政策のフロンティア』晃洋書
房、2012年。

寺本晃久・岡部耕典・末永弘・岩橋誠治『ズレてる支援！——知的障害／自閉の人たちの
自律生活と重度訪問介護の対象拡大——』生活書院、2015年。

北野誠一『ケアからエンパワーメントへ——人を支援することは意思決定を支援すること
——』ミネルヴァ書房、2015年。

コ ラ ム 5

▶発達障がい者の就労支援

発達障がい者の現状

発達障がい者の就労支援に関する書籍は近年多々発売されている。多くの書籍では、「精神障害者保健福祉手帳」、あるいは「療育手帳」を取得し、ハローワークの「専門援助部門」を利用して、企業の障がい者雇用枠で就職することを薦めている。2018年4月（一部、2016年4月施行）には精神障がい者を法定雇用率の算定基礎に加えること等を内容とする「障害者の雇用の促進等に関する法律の一部を改正する法律」が施行されるため、企業の障がい者雇用は年々増加してきている。筆者は従来大学の学生相談に携わるものであるが、法改正に伴い、発達障がい者の就労に社会の興味が向いていることはよい傾向であると考えている。筆者が支援者として仕事をはじめた2000年頃には、発達障がい者は障がいの認定も困難で、そのため障がい者枠での雇用を望むべくもなかった。一方で、一般の雇用枠ではなかなか面接を突破できないという現実を前に、途方に暮れる学生や家族とともに支援者である著者もまた解決法をもたなかった。そのため、行き詰まった状況を打開しようと、近隣のハローワーク専門援助部門を訪れたところ、援助窓口の担当者もまた、対応に苦慮している現状であった。当時のハローワーク担当窓口では、発達障がいの特性をもつ人々が二次障害として気分感情障害を発症して援助窓口を利用するパターンが多く、こじれた状態像への対応に大変苦慮されていた。そうしたやりとりが縁で、筆者の障がい者就労支援は始まり、「精神障害者雇用トータルサポーター」という形で現在の役割に至っている。

先述の「改正障害者雇用促進法」の施行や、2015年1月の「難病の患者に対する医療等に関する法律」の施行なども踏まえ、それぞれの障がい特性に応じたきめ細かな就労支援を行うことが求められている。また、企業の採用ニーズに対応するためには、就労移行支援事業所や障がい者就業・生活支援センター等を利用する障がい者本人の企業での就労に対する不安や企業側の障がい者雇用に関する不安を解消し、雇用への移行を推進することが必要とされる。さらに、障がい者の就職者数の増加に伴い、職場定着支援を必要とする障がい者も増加していることを踏まえ、職場定着支援を強化することが必要である。これらを踏まえ、厚生労働省が設置した対策の1つが「精神障害者雇用トータルサポーター」である。

その位置づけとして「ハローワークにおいて、求職者本人に対するカウンセリングや就職に向けた準備プログラムを実施するとともに、企業に対して精神

障がい者の雇用に関する意識啓発などの業務を実施」する役割を担い、臨床心理士もしくは精神保健福祉士が職務に就いている。なお、2013年度実績として、就職に向けた次の段階への移行率69.3%（相談支援を終了した者のうち、就職、職業訓練等へ移行した割合）というデータもある。[1]

課題は働き続けること

つまり、「精神障害者雇用トータルサポーター」とは精神障がい者の就職に関する不安や、仕事に就くまでの生活支援などの相談を受け、実際に仕事に就いた後も、適宜、仕事や人間関係などのカウンセリングを実施することで、就業が定着することを支援する役割である。そのなかでも、精神保健福祉士のサポーターは実質的な生活や企業との調整を担うことが多く、臨床心理士のサポーターは主にこころの問題の相談を担い、ある程度役割分担している。

これは「定着支援」と呼ばれている、就職後のアフターフォローのサービスである。就職したら一安心と思いがちであるが、そこから働き続ける期間の方が、一生を通じた職業生活においては重要となる。企業においても、就職された方の定着は重要な課題であり、障がいを有した労働者への対応はまだ試行錯誤的な側面が多々あり、ハローワークからの支援を必要とされている。障がいの当事者にとっても、働くうえで職場の対人関係に困ったり、症状が悪化したり、どうしても苦手な業務があって遂行できなかったりという課題に突き当たった時に、こじらせる前に早めの対応が必要となる。しかし、一般的に人間は問題がこじれてから初めて他者に相談する傾向が極めて高いので、間に合わないことが多いケースが散見されてきた。ハローワークの定着支援は継続的に面接しているので、早期の段階で関係部署と協調して対応を協議し、解決の支援を行える。そのために、あらかじめ企業や関係する支援機関と連携をとり、チームの体制をとっている。ただ、ともすれば他者との絆を結びにくい発達障がい者の特性に加えて担当者の移動など、今後の検討課題は多い。

そのように実際に社会に出た後の発達障がい者の支援にあたり、大学ではわからなかったことが徐々にわかってきた。それは発達障がい者とは、と一般化ができないくらい個性的なためマニュアル的な支援がむつかしいという事実と、一方ではゆっくりと社会性は成長し、おおむね30歳になるころに社会的に必要最低限な「挨拶」「すみません」「ありがとうございます」の定型的な言葉を出せるようになることが多いということである。しかし、やはりとっさには言葉がでない。それはケースバイケースが判断できないからである。状況が読めない場合も多々あるが、状況にふさわしい対応のパターンの累積も足らない

からである。メールなどで定型文を読み込むことはでき、マニュアル通りに行動できても応用ができないため、実地において適切に行動できるまでに他人より多くの経験を必要とする。したがって、ある種のインターン期間を段階を追って長期に設定することが望ましいのではないかと考えている。

　「私たちだって発達っていうか伸びるんですよ。ようやくわかったんですけど、回数を重ねれば対応パターンの分析がそれなりに蓄積できて、ある程度ここではこう返せばいいんだなということがわかってきたんです。人よりだいぶん遅いんですが……」と笑顔交じりで話された30代半ばの発達障がい者の言葉が感慨深かった。この方の知的水準は非常に高く、有名私大卒業後、司法浪人を続けるうちに次第に引きこもり、阪神・淡路大震災にみまわれ、支援機関を経て「精神障害者保健福祉手帳」を取得し、面接に至った。引きこもり途中、司法でなく、得意の語学を生かし通訳も考えたが、どちらの道も自分自身の文脈や空気の読めなさを致命的と考え、あきらめたようである。とにかくまずは、文脈のない仕事ということで運送会社の荷物の仕分けを始めた。そこで1年余りの仕事体験から、先述の、対応パターン分析の蓄積により、伸びていくという実感を得て、パート勤務の傍ら語学学校に入学した。どんどん上級のクラスに上り、翻訳者としての就労が射程距離に入ったとのことである。ただ、ともするとパートの仕事を辞めて、語学の勉強に専念したいと訴えられるという発達障がい的な傾向を押しとどめることが、肝要であったと思われる。4年以上の年月をかけ、実務に限りなく近いクラスに入られた時点で、パートを少し減らすことに賛成し、今も続けている。

　継続的な支援の中での信頼関係が役立ったケースであるが、類似の状況で、「もう少し待ちましょう」と提案しても、大半の人は待てない。目の前のうまくいきそうに思える状況にのめりこみ、糸の切れた凧状態になり面接に来られなくなる。残念ながら、支援もなくペース配分に失敗されて、再度弱り切って追い詰められた状況で窓口に来られることが多い。「もう一度最初から」のあきらめない繰り返しが始まる。見習いから始まり、現時点でたどり着いた筆者の就労支援に必要なコツは「あきらめない」の一字に尽きるようである（なお、文中のケースは個人が特定できないよう、内容を修正している）。

　注
　1）厚生労働省「全国厚生労働関係部局長会議厚生分科会」資料　2015年2月
　　（http://www.mhlw.go.jp/topics/2015/02/dl/tp0219-09-02p.pdf　2015年10月
　　13日最終確認）。

第11章　中高年期の疾病経験を通じた心の変容

は じ め に

　世界最高水準の長寿を誇る日本は、男女ともその平均寿命を更新し続けている。同時に寿命の延びは、長い期間ストレスフルな生活環境に身を置くことをも意味しており、偏食や睡眠不足等、生活の乱れを起因とするがんや心疾患といった生活習慣病が死因の約6割を占めるまでとなった[1]。こうした重大な疾病への罹患は身体のみならず、人の心の平穏を根底から揺さぶる体験となる。

　しかし筆者の長年の心理臨床実践では、多くの患者は疾病体験の苦悩を通して、自分自身の人生観や死生観を捉え直し、自らの生に与えられた意味について模索し始める姿を目の当たりにしてきた。

　本章では、近年における日本人の健康と疾病の現状を踏まえ、疾病体験が人間の心にどのような影響や変化を及ぼしていくのかを紹介する。特に罹患経験率が高くなるライフステージ「中高年期」を中心として、症例も交えながら考えていく。

1　日本における健康と疾病の現状

　2014年の厚生労働省の報告によれば、日本人の平均寿命は、男性が79.5歳、女性では86.3歳と世界最高水準の長寿国となっている[2]。

　一方で世界保健機関 WHO は、健康上の問題によって日常行動が制限されない状態で生活できる期間「健康寿命」の重要性を打ち出した。すなわち、いかに長く生きられるかだけでなく、いかに健康を保ちながら寿命を伸ばすことができるかである。さらに平均寿命と健康寿命間で差が開くことは、医療費・介護費の負担増をも意味する。

　近代の日本人における健康状況は、過剰労働などのストレスフルな社会環境

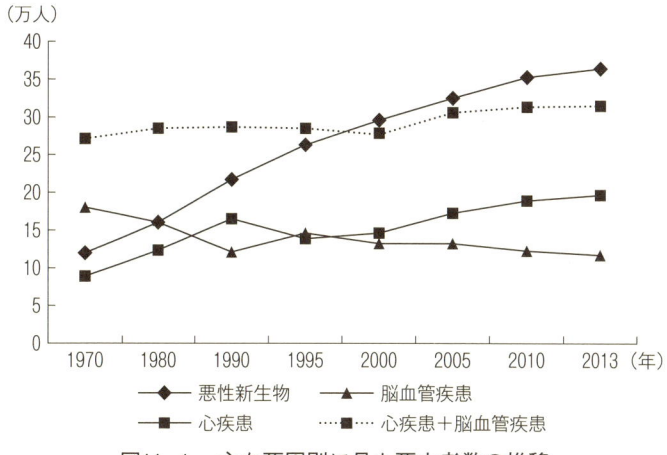

（万人）

図11-1　主な死因別に見た死亡者数の推移

注：心疾患は高血圧性を除く。
出典：厚生労働省「平成26年版厚生労働白書・健康長寿社会の実現に向けて」2014年、1-12頁。

に加え、欧米化した食事や睡眠の乱れ、運動不足といった不健康な生活習慣とが相互に作用し、疾病の下地を作り出し易くなったことが指摘されている。

　これらの現況に直接影響を受けているのが、日本人の死因約6割を占めるといわれる「生活習慣病」の存在である。生活習慣病のうち、死因第1位はがん、第2位が心疾患である（図11-1）。さらにがんへの罹患率は、男性が2人に1人、女性では3人に1人など、常態化した疾患になりつつある。

　死因第1位のがん（悪性新生物）は、遺伝子が傷つくことによって異常な細胞が作られることに起因する。さらに発症するまで、ストレスや生活習慣などの様々な要因が長い年月にわたって関係している場合が多い。つまりヒトが長く生きるに従い、細胞の老朽化が進むため、がんは中高年期以降に多発する傾向にある。

　こうした現状を受け日本では、2013年から健康寿命の延伸に向けた取り組みが本格化し、企業・自治体や各種団体と厚生労働省が連携し、栄養指導や禁煙運動など、生活習慣の改善に力を注いでいる。[3]

　さらにがん患者の増加に伴い、2006年度から「がん対策基本法」が施行され、全国民がより専門的で高度ながん医療を受けられるよう地域格差の減少に取り組むことや、がんへの罹患によって心的外傷を受けた患者とその家族が専

門的な相談が受けられるよう各地にがん診療拠点病院を置くなどを行った。特[4)5)]に拠点病院には、がん患者の心のケアを専門的に行う臨床心理士が全国的に配置されたが、かくいう筆者はその1人である。

2 疾病体験が人間心理に及ぼす影響と心理的変遷

　人は楽しい体験のみならず、苦痛や苦悩に満ちた様々な経験の中で生きていく。そのうちの「疾病」（病気のこと）への罹患は、生物としての人間には避けがたい現象といえる。なおここでいう疾病とは、がんや難病等、生死がイメージされたり、治療や治癒が困難な重症疾患のことを指している。

　図11-2は、筆者が臨床心理士としてがんや難病患者への心のケアに従事した経験と障がい受容の理論を元に、人が重症の疾病体験をした際の心理状態を表したものである。

　「自己喪失感」とは、今まで健康であった自己から不健康な自己へと変化し、「私自身が失われる」というアイデンティティの危機である。「孤立感」とは、特に治療のために入院や休職を余儀なくされるなど、社会から隔絶された環境に身を置いた際の物理的孤立と、周囲から取り残された存在になってしまったのではないかという心理的孤立の両面がある。「自尊感情の低下」は、疾病による身体的な変容が（外見的変化の有無に関わらず）アイデンティティを揺るがし、「私は人より劣っている」など、人間としてのプライドがダメージを受けた状態を意味する。

　ただし図11-2は、あくまで患者の感情を一般的に表したものであり、1人1人の患者について本質的な理解に基づいて治療や心理支援を進めるには、疾病種や病期（疾病の進行度合い）のみならず、社会や家庭における患者の果たす

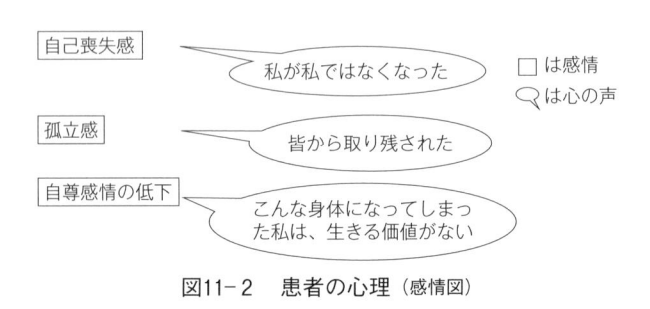

図11-2　患者の心理（感情図）

役割など、個々の生活背景の情報は欠かせないものとなる。

　この章で取り上げる「中高年期」というライフステージは、例えば就労者で家族を有する人であれば、職場では然るべきポジションにあることや、家庭的にもその担い手として中心的な立場にあることは想像に難くない。

　こうした状況下での疾病体験は、**図11-2**の心理に加え〈仕事がなくなるのではないか〉〈自分が居なくなったら家族はどうなるのか〉等、個人の生活事情に基づいた苦悩が伴う。さらに〈病気のことを言うと特別な目で見られるのでないか〉と考え、仕事上での重要なポストさえも剥奪されるのではないかなど、とりわけ発症初期はあらゆる不安が整理されることなく押し寄せてくる[6]。

　がん患者の心理過程の研究として代表的なものに、1969年に発表されたキューブラー・ロス（Kübler-Ross）医師による「死とその過程——5段階説——」が挙げられる[7]。この研究は、欧米の200例以上に及ぶがん患者に対してインタビュー面接を行い、がんの告知直後から疾病を受け止める受容段階までの心理的変遷を明らかにしたものである（**表11-1**）。

　近年の日本の医療現場では、医師や看護師をはじめ、とりわけわれわれ臨床心理士等が、がん患者の心の段階に応じてどのように心理的ケアを行うかの検討をする際、この「5段階説」を指針とする場合は多く、近代医療にもたらしたロス医師の功績は計り知れない。

　第1段階「否認」は、「告知直後」（自分の疾病を医療者から知らされる）に生じ

表11-1　がん患者の心理的変遷5段階説

第1段階：否認 　自分がそんな大変な病気になるはずがない
第2段階：怒り 　なぜ、私がこんな重い病気にならなければいけないのか
第3段階：取り引き 　神様、仕事を諦めるから治してください
第4段階：抑うつ 　現状から逃れられない、身体症状など
第5段階：受容 　怒りや悲しみを吐きつくし、運命を受け入れる

出典：キューブラー・ロス（鈴木晶訳）『死とその過程について
　　　——死ぬ瞬間——』完全新訳改訂版、読売新聞社、2011年を
　　　もとに筆者作成。

ることが多く、ショックのあまり疾病自体を認めることができず、事実そのものを心の奥底に抑圧する心理機制である。

　人は、疾病に限らずこれまでの人生の中で経験したことのないようなショッキングで苦痛に満ちた体験はすぐに受け入れることはできず、現実を認めない否認や怒り、気分の落ち込みなど、様々な心理過程を経ることを示している。

　ただ注意すべきは、5段階の心理過程は、必ずしも**表11-1**に示した通りの順序で生起するわけではなく、各段階の感情は行きつ戻りつを繰り返すという理解も重要である。

3　症例からみる疾病体験がもたらす意味

　2で述べたように、「中高年期」は社会的・家庭的に重責の大きいライフステージであると同時に、人生の終焉を強く意識し始める年代でもある。またこのステージでは、「重大な疾病に罹患した」という衝撃に加え、伴侶やわが子等の家族、さらに職場の心配など、この世で果たすべき役割が多くなればなるほど、自らに生起してくる現実のみに意識を集中できないことも特徴として挙げることができる。

　ここでは以下の2症例を通して、疾病がそれぞれにもたらす意味について考えてみたい。

1　ターミナル期にあった「子宮がん」患者　40代、女性、Aさん

　Aさんは、2人の未成年の子どもを抱えたシングルマザーである。Aさんの両親は、一家の担い手の立場にある本人に罹患の事実を知らせることは、心理的衝撃が大き過ぎることを憂慮し、〈絶対にAには、がん告知をしないで欲しい〉と主治医に懇願した。体調が悪化の一途を辿る中、Aさんは〈自分はもっと重大な病気なのではないか〉〈子ども達の将来が心配〉など、自分の未来に希望を持てない心情が、筆者との心理面接中で切々と語られた。医療者から「きっともう少し楽になりますよ」と慰めの言葉をかけられても〈善くなるようには思えない〉と苦しい胸のうちを明かした。治療の進行に反した病状は、最期まで本人には違和感でしかなかった。Aさんは真実を知らないまま、1カ月後に永眠された。[8]

2　余命３年の宣告を受けた「難病」患者　50代、男性、Ｂさん

　数十万人に１人という類い希な難病で余命宣告を受けたＢさんは、告知後
２年間は自らに突きつけられた過酷な現実を受けとめ切れず、筆者の元に心理
面接に訪れては、誰にも向けられない怒りや葛藤を吐き出すことに終始した。
やがて心理面接が進むにつれ、〈自分がこんな病気になってから、初めて深く
物事を考えることができるようになった〉〈この病気のお陰で、心から信頼で
きる人（主治医や筆者など）に出会うことができた〉〈人にはそれぞれ命力があ
る。こんな病気になってもなお、自分の意志を表明できているのは、自分には
その使命を与えられているからだと思うようになった〉等、気づきと深い洞察
に基づいた語りへと変化していった。Ｂさんの病状は日々悪化していくが、心
理面接では新たな自己との出会いや考えを表明し続け、１年後、静かにその時
を迎えられた[9]。

　２つの症例には、「未告知と告知」という治療のスタートラインにおける決
定的違いがある。日本の現代医療においては、本人への病名告知が治療の基本
方針であるが、症例１のように告知や治療に関して家族から強い要望が示され
た場合には、家族の意志を優先する場合があるのも、もう１つの現実である。

　このことは単純な正否論で片付けることはできないが、「告知しない」こと
は本人が真実を知らないまま人生の終焉を迎えることを意味し、自らの人生に
責任を持ち、新たな自分との出会いの機会を失わせることになると筆者は考え
ている。

　「真実と向き合う」ことは、まさに自己とその事象（辛い、苦しい、楽しい等そ
れぞれの体験）との間に関係性を見出すことである。キュブラー・ロスの提唱し
た「心理過程——５段階説——」のように、疾病が様々な感情をもたらしなが
らも、その体験を通して自らの人生を受け入れていく作業へと繋がる過程であ
る（受容過程）。

　疾病の現実を直視し、自身の人生にもたらされた意味を見出した瞬間、初め
て人は深い洞察と共に心のレジリエンス（回復力、逆境力）[10]が得られるようにな
るのである。

おわりに

　本章では中高年期を中心として、重症の疾病体験による患者の心理と心の変

遷について述べた。重症疾病への罹患を受け入れることは、決してなま易しいことではない。疾病体験自体が二次的精神障がいをもたらすケースもあるほどの心的外傷体験といえる。

しかし近年、心のトラウマになるほどの辛い体験をした後に、むしろ人間的成長がもたらされる「心的外傷後成長」（Posttraumatic growth）が注目され始めている。[11] このことはまさに、筆者の心理臨床実践において様々な患者に認めた姿そのものである。

辛い体験を包括して人間的成長に至るまでには、想像を絶する葛藤と戦いがあり、個人1人の力だけでは到底困難である。従って家族や近親者、医療者等、周囲のサポートが欠かせないことを最後に付記したい。

演習問題

1．健康寿命とはどのような状態を指すのか、具体的にまとめてみよう。
2．あなたが重症疾患に罹患した時、告知を「して欲しい」「して欲しくない」のどちらだろうか。また、そう考える背景についても考えてみよう。
3．心の「レジリエンス」と「心的外傷後成長」について調べてみよう。

注

1）厚生労働省「平成26年版厚生労働白書・健康長寿社会の実現に向けて」2014年、1-12頁。
2）同上。
3）同上。
4）国立がん研究センター「がん情報サービス」http://ganjoho.jp/public/index.html 2015年9月25日。
5）内富康介、小川朝生編『精神腫瘍学』医学書院、2011年、251頁。
6）南雲直二著／太田仁史監修『障害受容——意味論からの問い——』荘動社、2002年。
7）Kübler-Ross E. *On Death and Dying* ,Touchstone New York, 1969（鈴木晶訳『死とその過程について——死ぬ瞬間——』完全新訳改訂版、読売新聞社、2011年）。
8）個人情報保護の観点から、2つの症例には実態が損なわれない程度の加工を施した。
9）同上。
10）洞察とは、対象と自己との間、物と物との間が適切に働くための関係性を認知することをいうが、特に精神分析など心理治療で用いる場合は、言語的解釈によって意識できていなかったことを意識化するような飛躍的な思考（自己発見ともいい換えられる）などを意味する。

11）Calhoun & Tedeschi（宅香菜子、清水研監訳）『心的外傷後成長ハンドブック——耐え難い体験が人の心にもたらすもの——』医学書院、2014年。

参 考 文 献

池田勝昭・目黒達哉共編著『障害者の心理・『こころ』育ち・成長、かかわり』2008年。

E. H. エリクソン、J. M エリクソン、H. Q キブニック（朝長正徳、朝長梨枝子訳）『老年期』みすず書房、2011年。

日野原重明『老いと死の受容』春秋社、2002年。

細井順『死を恐れないで生きる』いのちのことば社、2007年。

第12章　高齢者の心の健康とクオリティ・オブ・ライフ

はじめに

　日本は、世界的にも先例のない長寿社会を迎えている。個人にとっては、延伸した命を「いかに良く生きるか」ということが重要なテーマであり、国にとっては、高齢になってもなお、各々が質の高い生き方を選択することができる社会を構築することが喫緊の課題となっている。すなわち、個人的にも社会的にもクオリティ・オブ・ライフ（生活の質）が大きく問われる時代といえよう。そして、身体的・生理的機能が低下していく高齢期にこそ、心のありようはクオリティ・オブ・ライフの中心的な要素として重要な意味をもつ。

　本章では、現代を生きる高齢者の心の健康とクオリティ・オブ・ライフについて、総論的に考察していく。まず、現在の日本が置かれている高齢化の現状を確認する。そして、高齢期の心の健康にかかわる問題を展望する。さらに、高齢期のクオリティ・オブ・ライフを高く維持するために重要な「心の強さ」について、最近の研究成果を参照しながら考えていく。

1　高齢化の現状

　日本人の平均寿命の推移と将来的な推計[1]を図12-1に示す。1950年、日本人の平均寿命は男性58.0歳、女性61.5歳であった。一方、2013年には、過去最高の男性80.2歳、女性86.6歳を記録している。さらに将来推計を追っていくと、人生90年の時代が見えてくる。人生90年の時代の人生設計は、人生60年の時代とは大きく異なる。仕事からの引退や子どもの自立後も30年という長期にわたる人生をどのように生きていくか。それぞれの個人が、長い高齢期を展望しながら、自分の人生を主体的に設計していかなければならない時代を迎えている。

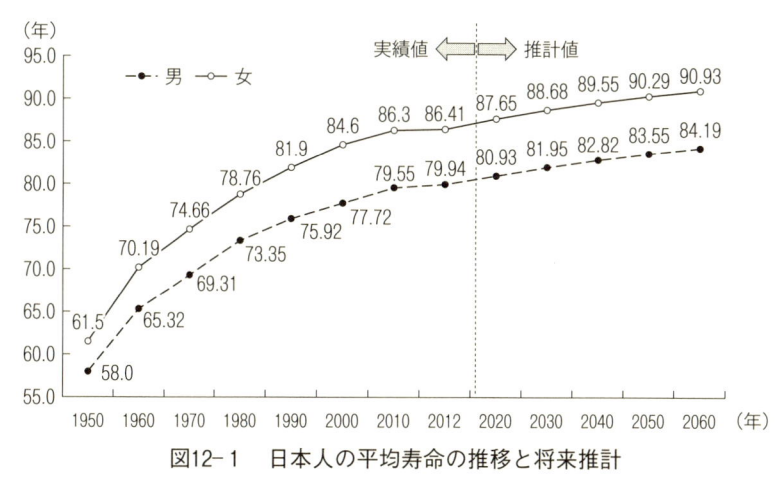

図12-1　日本人の平均寿命の推移と将来推計

出典：内閣府『平成26年版高齢社会白書　第1章高齢化の現状』に基づいて作成した。

　社会全体に目をうつしてみよう。現在、日本は4人に1人が65歳以上という超高齢社会を迎えている。さらに2035年には3人に1人が65歳以上の高齢者となる社会が到来する。全体の人口が減少するにも関わらず、高齢者の割合が多くなっていく社会をどのように構築していくか。国としては、若年層の人口が多い時代に作り上げられた、社会システムの見直しが急務となっている。このような日本の高齢化率は、今後、諸外国の中でもトップレベルで推移すると予想されている。日本の高齢者や長寿社会のありかたは、世界的にも注目されているといえそうだ。

2　高齢期の心の健康

　加齢にともない、一般的に身体的・生理的機能は低下していく。例えば、水晶体の障害により視力が低下したり、高音域の音が聞こえづらくなってきたりする。筋力や瞬発力、バランスなどの運動能力が低下していく。また、慢性的な身体疾患への罹患率が高くなり、脳の萎縮などの器質的な変化も生じてくる。これらの機能の低下は、時として日常生活に支障をきたしたり、まわりの環境への対処をやや困難なものにしたりすることがある。加えて高齢期はほかの世代と比べて、仕事などの社会的な役割から引退したり、配偶者や身近な親

しい人たちと死別したりするといった、多くの社会的・対人的な喪失体験に直面する可能性が高い。このように身体的・生理的な能力が衰退したり、社会的な役割を喪失しやすい時期だからこそ、高齢期には心の健康の諸側面に目を向けることがより一層、重要になってくると考えられる。

　高齢期の代表的な心の疾患は、抑うつ的な気分を引き起こすうつ病と認知機能を冒す認知症である。それぞれの疾患を概観してみよう。

　うつ病では、気持ちがふさいでやる気が起こらないという抑うつ的な気分、頭痛、疲労、不眠などの症状が生じる。特に高齢者では、生きがいや興味の消失、漠然とした不安感、注意や集中力の低下をともなう場合が多い。うつ病の原因は多岐にわたるが、高齢期のうつ病には、身体疾患がかかわっていることが多く、うつ病そのものがそれらの身体疾患の経過や予後に重要な影響を及ぼすことも知られている。また、高齢期のうつ病は、何らかの喪失の経験をともなうネガティブなライフイベントがきっかけとなって起こることも多い。特に、親しい人との死別、身近な人の病気や社会的役割の喪失などがうつ病を引き起こす引き金となると言われている。

　しかしながら、もちろん、これらのことを経験した高齢者が皆うつ病になるわけではない。高橋祥友[2]は、高齢期のうつ病を予防するためには、若い頃から① 多様性のある生き方をする、② 孤立しない人間関係とともに自分だけの時間を大切にする、③ あいまいさに耐える能力を身につける、④ 必要な援助を他者に依頼する態度をもつ、⑤ 過去にこだわる態度から「いま、ここで」の発想への転換をできるようにする、などが重要であると指摘している。

　一方、認知症とは、脳の器質的疾患によって、いったん正常に発達した認知機能が低下し、日常生活に支障をきたした状態のことである。認知症を引き起こす疾患には、アルツハイマー病、脳血管障害、レビー小体病[3]などがあり、認知症に占める割合が最も大きいのはアルツハイマー病である。認知症になると、料理や買い物、薬の管理などの手段的な ADL（日常生活活動）から低下し、進行してくると、食事や入浴などの基本的な ADL にも不都合が生じてくる。また、認知機能の障害以外に、幻覚、妄想、暴言、徘徊などの周辺症状が出現することもある。

　最近の認知症をめぐる動向として重要なことは、軽度認知障害への着目であろう。軽度認知障害とは、健常高齢者と認知症患者の中間にあたり軽度に認知機能が低下した状態のことであり、この段階で適切な介入や治療を受けること

は、認知症の予後に重要な影響を与えると考えられている。2013年に改訂され
た、精神障害を診断する際のガイドライン「精神疾患の診断・統計マニュアル
第 5 版（DSM-5[4]）」でも、軽度認知障害（Mild Neurocognitive Disorder: Mild NCD）
という診断名が新たに採用された。ただし佐藤眞一[5]は、現状では認知症を完全
に治す治療法がないことから、「軽度認知障害」という診断は、不安を増大さ
せるだけのものになる可能性があるとして、本人やその家族への十分な説明と
心のケアの大切さを主張している。

　最近の大規模な調査[6]は、現在の日本では、認知症患者が約462万人、認知症
予備軍（軽度認知障害）が約400万人にのぼると推計している。松下正明[7]は、ア
ルツハイマー型認知症で生じるアミロイドたんぱく[8]の沈着などの病変は正常加
齢の脳にも生じることから、認知症は脳の病気というよりは脳の加齢が促進し
た状態として捉えるべきであろうと指摘する。すなわち、高齢になれば誰もが
認知症になる可能性があるのであり、認知症とともによりよく生きていくには
どうすればよいかという視点もまた、重要であると考えられる。

3　高齢期のクオリティ・オブ・ライフを高める心の強さ

　ここまで見てきたように、高齢期には様々な機能の低下があり、うつ病や認
知症などの精神的疾患のリスクが高くなってくる。しかしながら、人生の経験
を重ねてきた高齢者だからこそ、このネガティブな側面を超える重要な「心の
強さ」をもちうることが、多くの研究で明らかになっている。ここでは、高齢
期のクオリティ・オブ・ライフを高く維持するための心の強さとして、「人生
の目標をもつこと」「補償による選択の最適化」について紹介したい。

　高齢期の様々な機能の低下にどう対応し、どう乗りこえていくか。ボイル
（Boyle, P. A.）たちのグループ[9]は、約250人の高齢者を対象として認知機能など
を検査して、その人たちが亡くなった後に脳を解剖するという大規模な調査を
行った。その結果から、高齢になっても「しっかりと人生の目標をもってい
た」人は、脳の中でアルツハイマー型認知症の神経病理学的な兆候が進行して
いた場合でも、実際の生活の場面においては認知機能を高く維持できていたこ
とを報告している（図12-2）。先に少し述べたように、一般的にどのような人
でも、加齢にともなって、脳が萎縮したり、認知症の特徴であるアミロイドた
んぱくの沈着が生じたりすることが分かっている。一方、年を重ねてもなお、

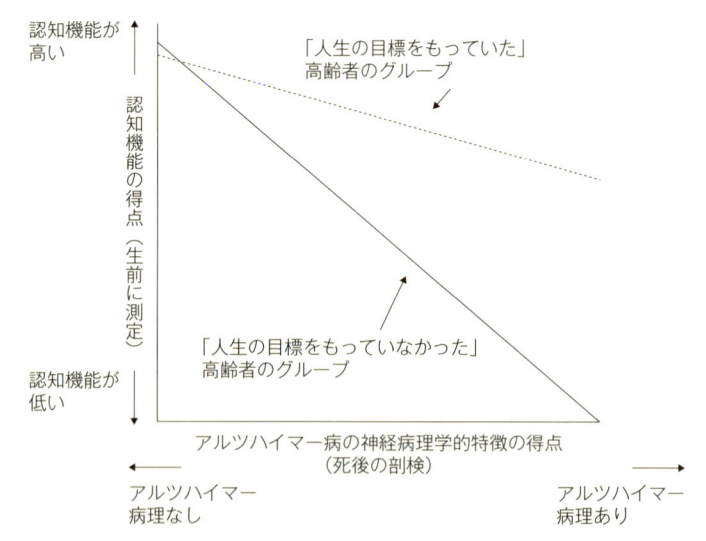

図12-2　人生の目標をもっていれば、アルツハイマー病の神経病
　　　　理学的特徴があっても、認知機能は維持される。

出典：Boyle, P. A., Buchman, A. S., Wilson, R. S., Yu, L., Schneider, J. A., &
Bennett, D. A., "Effect of purpose in life on the relation between alzheimer
disease pathologic changes on cognitive function in advanced age."
Archives of General Psychiatry, 69, 2012, pp. 499-504を一部改訂

　何らかの目標を持ちつづけて積極的な生き方をすることは、おそらく、より強
くて効率的な神経システムを作り上げていく。ボイルたちは、そのことが脳に
生じる神経病理に対抗する強さになるのではないかと考察している。最後まで
どのような人生を送りたいか、次の世代に何を残すかなどを考えながら、生き
る目標を持ち続けていく——そのような心のありようが、脳の生理的な機能の
低下をおぎなうというこの結果は、身体的な加齢を自分自身で積極的にマネー
ジメントすることの可能性を示唆するものとも考えられる。
　一方、バルテス（Baltes, P. B.）は、80歳を超えてなお、多くの観客を魅了し
たピアニストのルービンシュタインへのインタビューなどを通じて「補償によ
る選択の最適化（Selective Optimization with Compensasion：SOC）」という概念を唱
している。高齢になったルービンシュタインは、指の動きが不自由になり若い
頃のように演奏できなくなった状況でも、演奏する曲のレパートリーを減らし
（選択）、その少ないレパートリーの練習の機会を増やす（最適化）こと、若いと

きのように速く弾くことを目標とせず、曲全体のスピードを抑えて速く弾くところは速く弾くことで美しい抑揚を演出する（補償）ことにより、円熟した演奏を行い高い評価を受けた。このように、若い頃とは少し目標を変えて、低下していく機能を異なった方略で補償することは、それまでの豊かな人生経験があるからこそできることであり、加齢とともにより良く生きていくための重要な心の強さであるといえよう。

おわりに

　2015年6月、日本老年学会は『高齢者に関する定義の再検討』というシンポジウム[11]を開催した。そこでは、最近の高齢者が自分をより若く感じているという意識調査の結果や、身体的な老化を反映する歩行スピードが最近10年間で11歳ほど若返っていることを示す研究などが報告されている。単に平均寿命が延びているだけではなく、日本の高齢者の老化のタイミングは遅くなっており、高齢者は以前よりも格段にポジティブな加齢の姿を示す時代になっていることも記しておきたい。

　現代の高齢者を理解し、また、各々が来たる高齢期を展望する際には、加齢にともなう機能の低下などのネガティブな面に目を向けるだけでなく、加齢とともにより良く生きることを考えていくことが重要である。

演習問題
1．日本の高齢化の現状と課題をまとめてみよう。
2．高齢期における心理的な特徴を整理してみよう。
3．自分や家族の高齢期を展望し、クオリティ・オブ・ライフを高めるために若い頃からできることを考えてみよう。

注
1）参照：内閣府『平成26年版高齢社会白書 第1章 高齢化の現状』2014年。
2）参照：高橋祥友『新訂　老年期うつ病』日本評論社、2009年。
3）レビー小体病では、脳の内部にレビー小体と呼ばれる特殊な構造物が生じる。レビー小体型認知症は、幻視やせん妄が症状として起こりやすく、日によって症状の変動があることが特徴とされている。

4）参照：米国精神医学会『DSM-5 精神疾患の診断・統計マニュアル』（日本語版用語監修　日本精神神経学会）医学書院、2014年。

5）参照：佐藤眞一『認知証「不可解な行動」には訳がある』ソフトバンククリエイティブ、2012年。

6）参照：浅田隆『都市部における認知証有病率と認知症の生活機能障害への対応』厚生労働科学研究費補助金認知症対策総合研究事業平成23〜24年度総合研究報告書、2013年。

7）参照：松下正明「認知症とともに生きる」『心と社会』46巻3号、2015年、4-6頁。

8）アミロイドたんぱくが脳の中に通常よりも多く沈着することにより、脳の神経細胞が破壊され、脳が萎縮する。このことがアルツハイマー型認知症発症の引き金となる可能性が指摘されている。

9）参照：Boyle, P. A., Buchman, A. S., Wilson, R. S., Yu, L., Schneider, J. A., & Bennett, D. A., "Effect of purpose in life on the relation between alzheimer disease pathologic changes on cognitive function in advanced age." *Archives of General Psychiatry*, 69, 2012, pp.499–504.

10）参照：Baltes, P. B., "On the incomplete architecture of human ontogeny: Selection, optimization, and compensation as foundation of developmental theory". *American Psychologist*, 52, 1997, pp.366–380.

11）参照：甲斐一郎・大内尉義「高齢者に関する定義の再検討——老年学会・老年医学会WGの議論をふまえて——」『日本老年医学会雑誌』52号、2015年（学術集会講演抄録集）、4-5頁。

参 考 文 献

権藤恭之編『朝倉心理学講座15　高齢者心理学』朝倉書店、2008年。

佐藤眞一・高山緑・増本康平『老いのこころ——加齢と成熟の発達心理学——』有斐閣アルマ、2014年。

増井幸恵『話が長くなるお年寄りには理由がある』PHP研究所、2014年。

索　　引

《執筆者紹介》（執筆順、＊は編者）

＊伊藤良高（いとうよしたか）　奥付参照 ………………………………………………… 第 1 章

伊藤美佳子（いとうみかこ）　桜山保育園園長、熊本学園大学非常勤講師 ………………… 第 2 章

伊藤奈月（いとうなつき）　神戸大学大学院人間発達環境学研究科前期課程学生 ……… コラム 1

椋木香子（むくぎきょうこ）　宮崎大学教育学部准教授 …………………………………… 第 3 章

中村強士（なかむらつよし）　日本福祉大学社会福祉学部准教授 ………………………… 第 4 章

大西将史（おおにしまさふみ）　福井大学教育学部准教授 ………………………………… 第 5 章

森　真之介（もりしんのすけ）　神戸市スクールカウンセラー、臨床心理士 …………… コラム 2

内山有美（うちやまゆみ）　四国大学生活科学部講師 …………………………………… コラム 3

髙坂康雅（こうさかやすまさ）　和光大学現代人間学部准教授 …………………………… 第 6 章

郡司菜津美（ぐんじなつみ）　国士舘大学文学部講師 …………………………………… コラム 4

香﨑智郁代（こうざきちかよ）　九州ルーテル学院大学人文学部講師 …………………… 第 7 章

＊下坂　剛（しもさかつよし）　奥付参照 ………………………………………………… 第 8 章

中岡泰子（なかおかやすこ）　四国大学生活科学部教授 ………………………………… 第 9 章

永野典詞（ながのてんじ）　九州ルーテル学院大学人文学部教授 ……………………… 第10章

榎本千春（えのもとちはる）　大阪芸術大学キャンパスライフサポート室カウンセラー、

　　　　　　臨床心理士 ……………………………………………… コラム 5

上岡千世（うえおかちせ）　四国大学生活科学部准教授、臨床心理士 ………………… 第11章

西田裕紀子（にしたゆきこ）　国立長寿医療研究センター NILS-LSA 活用研究室研究員 …… 第12章

《編者略歴》

伊藤良高（いとう　よしたか）
　1954年　大阪府に生まれる
　1985年　名古屋大学大学院教育学研究科博士課程単位取得退学
　専　攻　保育学・教育学（保育制度・経営論）
　現　在　熊本学園大学社会福祉学部教授、桜山保育園理事長、博士（教育学）
　著　書　『保育制度改革と保育施設経営』（風間書房、2011）
　　　　　『子どもの幸せと親の幸せ』（共著、晃洋書房、2012）
　　　　　『教育と福祉の課題』（編著、晃洋書房、2014）
　　　　　『保育ソーシャルワークの世界』（共著、晃洋書房、2014）
　　　　　『幼児教育行政学』（晃洋書房、2015）
　　　　　『教育と法のフロンティア』（共編、晃洋書房、2015）
　　　　　『新版　子ども家庭福祉のフロンティア』（共編、晃洋書房、2015）、他

下坂　剛（しもさか　つよし）
　1973年　鳥取県に生まれる
　2002年　神戸大学大学院総合人間科学研究科博士課程修了
　専　攻　教育心理学
　現　在　四国大学生活科学部准教授、博士（学術）
　著　書　『教育心理学』（共著、ブレーン出版、2004）
　　　　　『保育ソーシャルワークのフロンティア』（共著、晃洋書房、2011）
　　　　　『子ども・若者政策のフロンティア』（共著、晃洋書房、2012）
　　　　　『学士力を支える学習支援の方法論』（共著、ナカニシヤ出版、2012）
　　　　　『教育と福祉の課題』（共著、晃洋書房、2014）
　　　　　『保育ソーシャルワークの世界』（共著、晃洋書房、2014）
　　　　　『新版　子ども家庭福祉のフロンティア』（共編、晃洋書房、2015）、他

人間の形成と心理のフロンティア

2016年4月10日　初版第1刷発行		＊定価はカバーに表示してあります

編者の了解により検印省略	編　者	伊藤良高　© 下坂　剛
	発行者	川東義武
	印刷者	藤森英夫

発行所　株式会社　晃洋書房
〒615-0026　京都市右京区西院北矢掛町7番地
電話　075（312）0788番（代）
振替口座　01040-6-32280

ISBN978-4-7710-2712-1　　　印刷・製本　亜細亜印刷㈱